# 高情商
# 聊天术

张超 著

中国友谊出版公司

**图书在版编目（CIP）数据**

高情商聊天术 / 张超著 . -- 北京：中国友谊出版
公司 , 2024.8
ISBN 978-7-5057-5864-3

Ⅰ . ①高… Ⅱ . ①张… Ⅲ . ①语言艺术—通俗读物
Ⅳ . ① H019-49

中国国家版本馆 CIP 数据核字（2024）第 078009 号

| | |
|---|---|
| **书名** | **高情商聊天术** |
| **作者** | 张　超 |
| **出版** | 中国友谊出版公司 |
| **发行** | 中国友谊出版公司 |
| **经销** | 新华书店 |
| **印刷** | 三河市中晟雅豪印务有限公司 |
| **规格** | 880 毫米 × 1230 毫米　32 开 |
| | 6.75 印张　160 千字 |
| **版次** | 2024 年 8 月第 1 版 |
| **印次** | 2024 年 8 月第 1 次印刷 |
| **书号** | ISBN 978-7-5057-5864-3 |
| **定价** | 49.00 元 |
| **地址** | 北京市朝阳区西坝河南里 17 号楼 |
| **邮编** | 100028 |
| **电话** | （010）64678009 |

如发现图书质量问题，可联系调换。质量投诉电话：010-82069336

# 目 录

第二章

让熟悉变信任：
以意想不到的角度"聊"出关系

第三章

说服谈判谈笑间：

在共情、对抗中拓展社交图景

# 高情商聊天术让你在未来有机会

　　我们处于一个前所未有的信息大爆炸时代，互联网带来的科技变革改变了每个人的生活，也必将改变每个人的工作方式和工作性质。机器越来越先进，而且越来越便宜，人靠什么与机器竞争呢？

　　看到这里，可能会有读者产生疑问：这与我们会不会聊天有什么关系？

　　当然有关系！写作这本书的时候，我更希望那些认为自己的生活和工作与聊天没关系的朋友能看到这本书。因为没有什么能够保证你的工作是安全的，甚至不管你有多么努力，都不能保证你的公司或者所处的行业不会在短短的三五年发生巨变。不是你足够努力就能保得住工作，因为很有可能，行业遇到新技术的冲击，一夕之间，你所在的行业都没有了。

如果我们目前所从事的工作和行业都不是安全的，也就没有什么能够保证它们永久存在了。我们应该具备灵活的处世方式和技能。作为在人类社会中参与竞争和合作的每一个个人，我们还可以依靠什么？

有句话叫"聪明的脑袋再也不是刚需，但是有趣的灵魂依然万里挑一"。人依然是丰富和宝贵的资源，不过对人的情商的要求提高了。你得有料、有趣，还得有"聊天力"。语言会带来意想不到的力量。

从对未来的战略决策来说，高情商的聊天术会在你所在的行业都没有了的时候，成为你的帮手。

比如，一个人现在努力地学习本行业的知识，但是他所在的整个行业都没有了，被迫进入新的行业，他怎么和机器、和那些比自己年轻或者资历深的人竞争呢？除了学习本行业的专业知识，还需要学一学如何聊天、如何更好地与人交往。这样，你就会比同种处境的人多一分机会。李嘉诚早已说过这样的话："读书并不直接帮助你增加财富，但你的机会更加多了，你创造机会才是最好的途径。"聊天也是如此。

另外，你当下的工作也需要让影响你前途的人知道你做得有多好。对大多数人来说，会聊就等于会干。有太多人抱怨："我的老板就是喜欢能说的人，根本就看不到我做了多少工作。"

老板有错是他的事，我们的错误是自己的表达能力不好，白白把机会拱手让给了别人。当老板和你聊天的时候，或者你知道怎么说能让他觉得你是一个可靠、扛得住压力的人的时候，他会倾向于相信你在工作中也能拿得下任务，未来也将是中流砥柱。你就比不会聊的、谦虚的人多了竞争优势。

即使面对当下每一天的生活，你也需要提高口头战斗力：你的新客户需要在短时间内感到你可信；你的老客户需要你的情感维护；你的家庭需要经营；你的伴侣需要在你看似轻松的几句闲聊中就能帮他做出决定；你的孩子需要在你轻松的话语中感受到爱，而不是你知道自己心中有爱，却无力用语言表达。

当然，语言表达能力有不同的形式和层次。

在本书里，我们更多地选择了聊天的语言案例，让大家感受日常话语的力量，因为在我看来，聊天的能力比辩论的能力更为重要。很多辩论高手都让人心生畏惧，他们赢了对方，却输了朋友。这不是我们想要的结果，真正会聊的人，是高情商的人。

我们可以一星期不辩论、一个月不谈判、一辈子不主持，但很难做到一天不聊天。聊天可以让人发现别人的更多面，发现自己最深的一面。高情商的聊天让自己更加具有主动性，却没有攻击性，能够从容地把讨论、分享、探究的方式加入自然的聊天状态，真正懂得共情和对抗的艺术。

尤其要强调的是，在互联网时代，大家大多靠网络沟通。此时，人与人之间面对面对话的能力都在退化。此刻，不是不需要高情商聊天的能力，而是物以稀为贵，会聊天变得更重要了。

让本书陪你一起提升势能——别人和你聊几句，或者你和别人聊几句，你就能让复杂的问题变成没有问题，能说服别人而不让别人感觉自己是在被说服。如果对方始终喜欢和你在一起聊天，你就是有魅力的人。这样的人，人们愿意去支持、信赖和依靠。这和他懂不懂人工智能、会不会做财务报表、能不能纵横捭阖都没关系。

第一章

# 开口就能不一样：
# 让你在对方的认知系统里升级

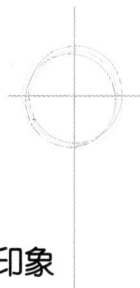

## 给对方留下深刻印象

在当今这个时代，人与人的见面和认识变得容易起来，但能给人留下深刻印象的人并不多。

我们期待别人能记住自己，甚至有人说，"宁可给人留下'怪印象'，也不要没印象"。例如，故意把领带折起来，或者在初次见面聊天的时候就力求一语惊人，又或者在行动上更加积极和刻意地制造热闹气氛。可是，这三种方式的效果并不够好，要知道"这个人很怪"的刻板印象一旦形成，再想树立正常、可靠的形象就困难了。

那么，我们怎么做才能给别人留下深刻的印象呢？

第一，说有趣的话，让自己变成有趣的人。

我们遇到的人越来越多，可是，有趣的人却越来越少。与其徒劳奔走，不如让对方被你的有趣吸引。这样，对方自然会对你感兴趣。

你可以通过学习一些有趣的笑话，令对方"闻所未闻"、印象深刻。当然，这么做的难点是对于初次见面的人，"玩笑而不伤人"是困难的，因为一句玩笑说出口，你根本不知道你的笑点是不是对方的痛点。

在这里，我们提到一种高级的有趣，不是普通的讲笑话，而是说出令对方感兴趣的话。

具体怎么操作呢？

人的复杂性决定着人有很多面：一个外表极为热情和开放的人，内心一定有某个角落也是不能对人言的，或者有着不为人知的痛苦；一个极其安静、从容的人，也许某一刻正在拼命地压抑自己内心涌起的暗流。

我们在和陌生人接触的过程中，如果能够指出人的这种矛盾性，对方将感觉"你真是懂我"。

比如，对一个内向、不善言谈的人说："你今天虽然没有说太多话，但我感受到了你的支持。"

对一个外向、开朗的人说："你今天的每一次沉默都是一种态度，我知道你内心是有自己的坚持的。"

这就是"说出内向的人的外向性，说出外向的人的内向性"，让人感受到你的细致、温暖与关注。

第二，投机的人越来越多，肯耐心准备的人却越来越少。

去见一个人的时候，如果你能够提前将对方的资料和信息进行收集和整理，与对方交流时把相应的话"嵌"进去，对方自然就会对你有好感。

1. 你说话的时候，引用对方说过的一些很有战略思想或者和别人不一样的观点，那就是对方的得意之处。只要你提出来，对方就会自动接话和延伸话题。你说："我留意到您在充满变化的当下，提出了一个职业人士还是要做至少三年的职业规划……"对方接下来和你绝对有的聊。

2. 提问的时候，结合对方的个人经历来提问题。你说："您以前是名技术人员，后来成功创业。请问在您看来，从技术岗位转移到领导岗位，需要克服哪些困难呢？"

3. 在自我介绍的时候，先介绍你们两人共同的特点。聊天时，哪怕你说"您是安徽人，我也是"，也比没有共同点要好得多。

第三，急功近利的人越来越多，第二次留下印象也是种策略。

有时候，我们在面对一些很有社会地位和成就的人时，被他们对外宣传的形象和气质所蒙蔽，尤其对年轻人而言，在自己崇拜的人面前，甚至会有点"害怕"和他们说话。事实上，这只能证明自己见过的人还不够多。

多年前，我想找一位知名的企业家谈项目合作。他在报纸上的形象是那么严肃、一丝不苟，我也看到过电视上的他：说话很慢，也很少，有时候观点很尖锐，不给人留情面。

第一次见面，是在一个公开场合，他来去匆匆，我的确没有找到机会上前进行自我介绍。

第二次见面的时候，我去他的企业拜访，发现他私下和外界的形象并不一样。他很随和，也很客气，当场送了我一支刚在国外买的钢笔，表示初次见面，要互相支持。

我接过钢笔，表达了谢意。同时，顺着他的话开始聊，我说这并不是我们第一次见面，只是他对我没印象了，但是他给我留下了一个思考。我说起上一次见面的场景："当初参加那个企业家谈创新的活动就是为了听您的观点。当时，您提到了自己的企业也在寻找新的模式。我在想，您把企业做得这么好，还一直在努力和寻找新的突破，令我很感动，也对您更加尊敬了。"

听完我的话，他因为对我毫无印象而有点不好意思地笑了笑，同时因为听到我对他的印象之深而对我有了印象。后期，我们谈得很愉快，也有了成果。

当时，我就懂得了一个道理：有的人和电视上是不一样的，不要被电视上对方的犀利吓到，那可能只是一种宣传自己和对外塑造形象必要的手段。

有很多人缺乏安全感，只愿意和脾气不好的人合作，因为在对方的强势和自负的包装下，他们才觉得项目可靠。

在那次拜访中，我还深深地领悟了一句话："人们不在意你说了什么，除非你说的让他知道你对他有多在意。"

说话是为了表达，不论你对人有多真诚，如果你无法恰当地表达出来，对方就不会感动。除非你们第一次见面的时候，你就牢记住对方说了什么、做了什么，哪怕你只记得对方的帽子或者眼镜的颜色，在第二次见面的时候，只要把你的观察说出来，你也能和别人不一样。

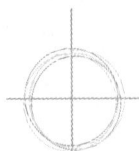

## 花样赞美人人爱

很多人都说并不喜欢听到别人对自己的赞美，那只是他们不喜欢听到重复、老套、空洞的赞美。如果说话的时候，你能让你的赞美真诚和巧妙一些，那么对方一定会听得"上瘾"。

好的赞美有哪些特点呢？

第一，好的赞美要真诚，并且发自内心。我听到很多人赞美别人的时候，都扭扭捏捏、声如蚊呐。这种态度不可取。如果你用这样的态度和语气来赞美别人，那么宁可不要说。我们观察那些成功的销售人员，会发现他们夸赞别人的时候，都大大方方、不做作。有时候，明知道对方是为了你口袋里的钱，你还是会不由自主地高兴。要知道，当一个人心情好的时候，大脑就会活跃，思考事情时就会倾向于积极的一面，这种积极会推动和加速两个人的互动。所以，哪怕你只是要夸对方的形象很儒雅，也要大大方方，大声地说出来。

第二，好的赞美要令人放松，让人觉得不夸张。大家有没有发现这样一个现象：我们夸赞了某个人之后，他和我们的关系非但没有变得亲近，反而还疏远了，对方想见我们的积极性反而越来越低。

人们在自己的行为中追求一致性，如果你的赞美表现出一种只是给对方"戴高帽"的感觉，对方就会因为觉得名不副实而与你保持距离。

例如，你对一个人说："您真是个好人，每次当我需要您的时候，您都会义无反顾地支持我。"不是这样的赞美不真诚，而是你的赞美中暗含着一种要求：对方"每次"都要"义无反顾"地支持你，这样才能符合你说的"真是个好人"的标准，这真是极高的期待和要求！

正确的赞美应该是就事论事地提到对方的这次帮忙有多么及时。只要你把自己当时面临的艰难处境说得令人感同身受，对方就能知道这是你对他热心帮忙的赞美。

第三，好的赞美要灵活，有花样。

1.可以配合一个小礼物进行赞美。

我有一个朋友收到了下属的一个礼物，是一条领带。这个礼物选得有品位，又不夸张。更有意思的是，这个朋友还听到下属对他说了这样一句话："谢谢您一直以来的信任，希望您继续领着我、带着我，一起成长和进步。"您看，哪个领导会拒绝这样送来的"领带"呢？

2. 满足对方的多个需求。

美国心理学家马斯洛提出了人的五大需求，分别是生理需求、安全需求、社交需求、尊重需求和自我实现。

其中，社交需求是人对友谊、爱情和社会关系的需求。一个人感受到了别人对自己的需要，从而感受到自己的社会价值。一般情况下，只要你向对方表达了感谢和赞美，就能够满足对方的这种心理需求。

尊重需求属于较高层次的需求，如成就、名声、地位和晋升机会等。尊重需求既包括对成就或自我价值的个人感觉，又包括他人对自己的尊重。

社交需求和尊重需求看似有重合的地方，在实际运用上却有很大的不同。你对一个人说"老王是个很有能力的人"，和你对着一群人说"老王是个很有能力的人"，对老王的刺激当然不同。所以，你可以使用"在公开场合表达对对方的赞美"这一招。这样，你让对方的两个心理需求都满足了！

好的赞美需要以各种形式扩散，你当着老王的面赞美老王，和你背着老王去赞美老王，在当事人心中，感受又不一样。一个人在别人背后赞美他，会显得没有功利心，这会让一句平平常常的话变得更加真诚、令人感动。相信我，不要以为背后表扬人不会传到当事人的耳朵里，它会比你想象中的传达速度更快！

3. 赞美越含蓄，才会显得越高级。

赞美可以很具体。对方完成了一项工作，你与其大声吆喝，说他太厉害了，不如将他的工作难点进行拆分。当你努力说这项工作原本有多么难，而对方能够克服困难完成的时候，你就已经是在赞美对方了。

明贬暗褒有转折。你可以这样说："我刚认识你的时候，对你有距离感，因为通常一个能力像你这么强的人，都会看不惯别人，对其他人没有太多包容性。后来，我和你一接触，发现你真的太难得了，你对自己要求很高，待人却那么宽厚！"

赞美可以"曲径通幽"。你对一个人说"您是一个有社会地位的人"，对方一定会听过就忘，甚至有的人还会反感，觉得他是否有社会地位不必由你来评价和论断。但是，如果你了解他的家庭结构，你说："这次的事情多亏您帮忙。对您而言，真的是没有克服不了的困难。除了工作伙伴，就是在家庭生活中，您的家人也一定会因为有您在身边而感觉特别踏实和安心吧？"这样的赞美，不但是赞美，还延续了话题。接下来，你们从工作就聊到了家人，从而迅速拉近彼此的心理距离。

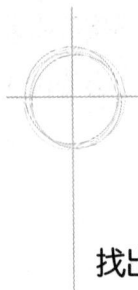

## 找出令对方兴奋的话题

我们和自己不太了解的人说话，想开启一个话题是有些冒险的，甚至是那些我们好久不见的朋友，因为我们对对方的信息掌握得不全面，一开口都有可能造成尴尬。

再会说话的人也会遇到尴尬的场面，也会有自己当下解决不了的问题。说话是一辈子的功课，面对一些陌生人，永远都要有谨慎的心态，尽量多掌握对方的信息。

我们掌握了对方的一些基本信息后，该怎么聊天才能让对方产生兴奋的感觉，愿意继续和我们聊下去呢？可以从以下三方面入手。

第一，聊对方最看重的事情。

总有一些话题能涉及人们的共性，也是比较容易把握的。只是如果我们不学习，就会忽视这些话题。在生活中，我常常遇到这样的提问："为什么我和一个人聊天，开始的时候聊得还挺好的，后来慢慢地，不知道为什么，对方就没热情了，事情就不了了之了？"

我们看如下一段对话：

小李："关于这次合作的细节，杨先生让我和您联系。"

某客户的市场部负责人苏女士："好的，欢迎谈合作。你们公司在业内很知名，早就听说过。"

小李："那太好了。我们约个时间，我去拜访您吧。"

苏女士："我们尽量安排在工作日吧，周末我想在家里照顾孩子。"

小李："您有孩子啦？"

苏女士："是的，呵呵，一儿一女。"

小李："那您下周一方便吗？"

苏女士："下周我要出差。"

小李："那您什么时候回来？"

苏女士："说不准，我有时间了再联系你。"

这是我看到过的一段真实的聊天记录。在这段对话里，我们看到了两个人的形象：一个是有些焦急又有些冷漠的小李，一个是正常对话的苏女士。两个人的对话在苏女士回答"一儿一女"之后发生了急速的变化，苏女士的态度迅速冷了下来，因为小李在对话中，让苏女士产生了很不好的感觉。

也许有读者会说，小李的话看上去很斯文，没有什么错误。可是，对苏女士而言，完全不是如此。小李开始的时候做得不错，调动了苏女士的热情，让她愿意分享自己的私人信息。可是，当一个女人聊到自己的孩子的时候，你不回应几乎就是在"打对方的脸"，尤其是当苏女士主动说自己有"一儿一女"的时候。小李可以简单地回应："您太幸福了，儿女双全。"或者说："您太厉害了，抚养两个宝贝，还能做这么多工作，真让人羡慕。"甚至可以说："那我们见面的时候，我可不可以给两个宝贝带上一套睡前故事书？"如果有这样的一种互动，两个人的关系只能随着对话升温，绝不可能出现瞬间冰冷的局面。

我们聊天的时候，要在乎对方看重的事情：对老人来说，他们在乎健康；对男人来说，他们在乎事业的发展机遇；对女人来说，她们可能对聊孩子比较感兴趣。


第二，聊对方骄傲的事情。

随着我们接触的人越来越多，我们会发现，人都有一种不太好的习惯，就是看轻别人的得失，而看重自己的输赢。如果能够不那么狭隘，多看重别人，让别人多聊点儿他们骄傲的事情，少聊点儿自己有多完美，你就可以靠这一点点和别人的不一样，让对方感受到你的好。

有的人会说："可是我的聊天对象真的就是个平凡的人，估计他也没有什么骄傲的过往可以聊，怎么办？"其实，没有一个人会真心觉得自己平凡到和任何人都一样，因为每个人都要在生活中克服诸多困难。至于我们具体从哪里展开话题，能让对方感觉自己很骄傲，我建议从对方的工作开聊。

例如，当知道对方的工作是"报关"时，你就可以以请教的姿态问对方，这个工作的难点是什么，听说报关的相关证书非常不好考……

当聊到这样一个话题时，你就进入了对方熟悉的领域。他自然就会兴奋起来，哪怕他的工作实际上做得很一般，他在你这个外行人面前也是标准的内行。他做得再一般，懂的也一定比你多。

你会发现对方聊着聊着，脸上就露出了一些得意的表情，也不自觉地处于专家般的状态。当一个人自我感觉非常好的时候，他看你也就会越看越顺眼、越看越贴心。

第三，在对方兴奋的话题里找机会。

一次痛快、热络的聊天能显示一个人说话的能力，可是你有没有发现，有的人很擅长制造这样的氛围，也很会聊天，交际能力却真的很一般，为什么呢？这是因为他和别人聊了一次，别人觉得他很好，但是聊完就聊完了，然后就没有然后了。这样的聊天是被浪费掉的，我们聊天是为了更好地表达和交际。说话只是一种手段，交际才是目的。

在对方聊得很兴奋的话题里，你要寻找下一次见面的机会。例如，有一次，我想约一个老领导吃饭。可是，不能一上来就对他说想约他吃饭，他一定会拒绝。于是，我就和他聊起了他的业余爱好，他说他平时就喜欢钓鱼。

我一听就蒙了，坦白讲，我是完全不懂钓鱼的，也不可能陪着他去钓鱼，钓鱼太浪费时间了。可是，我当时问了一下他习惯去哪里钓鱼。他告诉了我一个位置，我知道那儿附近有一家很好的素食餐厅，正好也很适合他。于是，我就主动问他下次是否约到那里吃饭，他很痛快地答应了。

在一些看似平平常常的话语中，给自己寻找机会，让自己真的会聊天。比如，当对方聊到自己的日常保健时，你可以多问一些细节，下次见面的时候送对方一件他正缺的保健器材。又如，如果对方聊到自己的孩子正在准备高考，你可以约对方一起去拜访你认识的某一位高中老师。

诸如这样的对话和聊天都很有意思，虽然没有什么惊人之语，但是在不知不觉中会让你的目的达成。

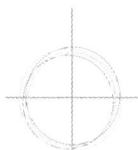

## 不会说话不是好理由

有的人这样评价自己："我心地很好，就是不会说话，总是惹别人生气。"或者说："我这个人就是心里藏不住事儿，看到别人的缺点总想指出来。"还有人说："我脾气不好，一生气就爱骂人，但是我的坏脾气只要一过去，就忘了之前说过什么了。"

在我看来，这些都是不留口德的人给自己找的种种借口。一个人对自己没有要求，其实是给对方提出了很高的要求。他们总是以一种不成熟的态度要求别人能体谅自己的缺点，而自己不改进，这不是对自己负责任的态度。这样的态度只会带来他人与我们的疏离，因为人们不会真正在乎那些在语言上不尊重自己的人。

反之，在人际交往的过程中，恰到好处的说话技巧能够让对方对我们更加信任。我们可以从三种情况来理解会说话的重要性，并能从中体会到会说话有时候不仅仅是一种技能，也是一种懂得为他人着想的厚道。

第一种情况：会说话意味着不会把压力转移给对方。

恋爱中的男女在一起聊天，女人问："你现在处于创业期，我不知道未来会怎么样，不过我发现你现在根本不能给我提供我想要的生活。"

男人应该如何回应？

初级说法："我现在就是没钱，你再怎么不满意也没用。"

升级说法："我现在的状况就是需要往项目里不断地投钱，我知道自己挺对不起你的。"

高级说法："我将来会给你想要的生活，但现在需要我们一起熬过去。"

在三种说法中，我们感受到的并不只是会说话和不会说话的差距，我们看到的是三种面孔和三种品性。

使用初级说法回应的人，他心中只有自己，对对方的感受选择性忽视，妄图把自己创业的压力转移给对方。使用升级说法的人，他看到了对方的不满意，但是并不想改变现状。使用高级说法的人一定是个情商高手，他并没有巧舌如簧地给对方勾勒未来的蓝图，但是在他的回应中，他把自己和对方视为一个整体。而且，他的回应中还暗含着对彼此的一种承诺，在平实的语言中体现了自己的雄心和厚道。

第二种情况：会说话才能让对方真正感受到你的实力。

我曾经遇到过这样一件事：在我的团队中需要培养一个副手，有两个同事的表现很突出，我需要决定给其中的一位升职。

平时，我很留心两个人的表现。我观察了一段时间后，给其中的一个人升职了。

另一个人很委屈，对我说："张总，我们一起共事三年了，我不明白为什么你这么一个公道、聪明的人，也会喜欢那种爱耍嘴皮子的人。"

这名老员工是踏实肯干的人，也的确是团队中的核心员工，听他这么说，我很愿意和他开诚布公地聊一次。

我说："你对余副总有看法？"

他说："我觉得我和他相比，自己具备几个优势：第一，我的业绩并不比他差；第二，我和同事的合作比他要顺利，他和同事起过冲突，我一次也没有；第三，他总是夸夸其谈，想法很多，但实现得很少。"

听他这么说，我才发现这位一向沉默寡言的老部下一定是思虑很久，才有备而来。

我说："你的这些想法一定把自己折磨了很久吧？"

他本来很有气势，但一听我这么说，他默默地点了点头，说他只是想和我推心置腹地谈一谈，想知道我对他的看法究竟是怎样的。

我说："我认可你的工作能力，我觉得余副总也需要你的协助，才能一起把团队带好。但是，我并非因为余副总只会耍嘴皮子才让他升职的。如果是这样，你对我也是没有信心的。针对你对他的看法，我们可以换个角度来看。第一，你们业绩相当，也就意味着余副总的业务能力也很强。第二，他和同事起冲突固然不对，但是你这么多年是怎么工作的，我比你更懂得你的委屈。很多时候，你为了回避和同事的矛盾而委曲求全，让自己承担了太多的任务和压力。从这个角度来看，如果让你升职，你这么在乎人情味的一个人，可能会在新的工作中更受委屈和更被动，这对你未必是好事。第三，在你看来，余副总提出了很多建议，平时也夸夸其谈。可是，表达能力也是一种领导力。此前，我没有给他更多机会让他把想法投入项目，是因为他还不是这个部门的决策人，但当一个人成为领导之后，他就可以带着团队实现更多的创新了。因为一个好的领导不是听他的领导告诉他接下来要做什么，而是他要告诉所有人，接下来他要做什么。显然，他平时已经对自己有了这样的要求和训练，而他只是欠缺这样一个机会而已。"

　　这位同事听到这些话后是很平静的，表现出了一个团队老大哥应有的忠厚和虚心。他是个厚道的人，但是脑子转得并不慢，他随即就表示一定会继续好好支持我和余副总的工作，也会在团队中积极地起好带头作用。

第三种情况：会说话有时候意味着你能对自己的一切负责任。

我有一个朋友，有一段时间，大家听说他遭受了家庭的打击。据说，他的伴侣携带他所有的资金去了国外，和他分道扬镳了。

我们几个朋友约他喝酒，大家谁都不提他的痛处，倒是他自己轻描淡写地说了几句："最近心情不太好，不过好在金钱上没有什么损失，大家都不用担心。"并表示，"家庭生活出现的烦恼，我有能力解决"。

他的一番话说完，大家都松了口气。

可就在当晚，他独自一人到了我家，烂醉如泥，痛哭流涕。当晚，我知道他的全部资金都被转移，他遭受的巨大打击和欺骗是只有时间才能疗治的创痛。

第二天早上，我借给他了一笔解燃眉之急的钱，然后什么都没有再提，就送他离开了。

经历了这次的事情，我知道我的这位朋友一定能再站起来，因为他在人生最低谷的时候，依然保持了冷静和理性。

他在极为失意的时候依然是一个很会说话的人，他的会说话体现在有的事情是不能全部说出来的：他的朋友中就有他的客户，客户如果知道他出事了，对他的信任难免会动摇；大家不但帮不了他，还有可能给他造成压力。但是，他又没有对朋友们撒谎和掩饰，这让大家都觉得他是一个表里如一的人。他没有否认自己的状态，还是把所有人都当作朋友。最后，他找了能够帮助自己的人，也就是当时手头资金还相对宽裕的我，将实情相告。我会因为他"独有一份"的信任，而愿意帮助他渡过难关。

这样看来，会说话的人就是会生活和懂生活的人。他们既能用话语为自己争取到更好的利益和更好的处境，又能在失意和低谷之时，用话语保护自己的权利，给自己和他人带来力量。

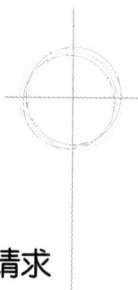

## 让小动作配合你的请求

当你和一个人聊天时，对方接触到的其实是你一整套的反应系统。你的小动作也许你自己不注意，对方却尽收眼底。

我们在面对一个人的时候，"说了什么"和"做了什么"都非常重要。那么，如何让自己做的和说的匹配起来，向对方传达统一而友好的信息呢？尤其是在我们请求对方帮忙的时候，更需要一些小办法。

第一，模仿对方的小动作，引起对方的好感。

这里并不是拙劣的模仿，比如当对方摸鼻子的时候，你也摸鼻子。这样的模仿非但不会引起对方的好感，还会令对方产生误会，以为你在取笑他的动作不雅。

这里提倡的是，当我们和对方谈话的时候，能够把握住对方的心理，毕竟每个人都希望和自己交谈的对象能够与自己处于同一频道上。具体的操作方式：当对方出现放松的状态时，如果他解开了西装上的一粒扣子，你不妨往沙发的后背上靠一靠，表示和对方有同样的状态和感受；当对方支起胳膊，托着头思考的时候，你不妨向对方靠近一些，微微皱起眉头，也处于一种思考的状态。

这样，除了你们之间说的话，你们的状态也都是一致的，会让对方觉得和你聊天能够"聊到一起去"。


第二，求对方帮助的时候，让环境给你加分。

当你想请对方帮忙时，不管你说得有多诚恳，但是你能想象你坐在一个高高在上的椅子上，向对方说"请您一定要帮忙"，对方会觉得你特别需要他吗？

你可以参照以下操作。

首先，找个舒服的环境为自己争取表达的时间，比如你让对方坐在一个软软的沙发上。沙发足够软，他就不太容易起身，无形中就会多给你一点时间听你说。

不要小看多出来的一点时间，如果让你看一部长篇小说，你会发现，当你看到反面人物的描写越来越多的时候，你就会把他的行为合理化，对这个人物有更多的体谅和理解。

其次，你可以先坐在对方的位置，提前观察一下他所能看到的风景。如果在一个包间里，对方的视野非常开阔，他的心情就会舒畅；如果你约在一个熙熙攘攘的餐厅，他看到你的背后有来来往往的人，他的视线会乱，心情也会受到影响，就无法专心听你说话了。

最后，当你对别人说出请求的时候，要让自己的位置比对方低一些，要让对方看你的时候视线往下走。对方无形中就会感受到自己是掌握主动权的一方，这样会满足他内心的优越感。如果他的感受好，自然就容易答应你。

第三，在你具体说事情的时候，可以适当制造停顿，用小幅的动作表达内心丰富的感受。

很多动作都暗含着一些情绪，我们看电影的时候，如果留心就会发现，演员会使用各种小动作来表达情绪。例如，一个男孩要抚摸心爱女孩的头发，为了显示他内心的紧张、羞涩，他的手会有一些表演。刻意地让自己的手哆嗦一下，就能完成这样的表演。

说话的时候也是如此。人们常常说，说话利索的人适合做销售，事实却未必如此。在我的朋友中，有一位金牌销售老李，他说话非但不快，有时候你认真听，还会听出来他有一些口吃。可在他的客户看来，老李在说话上的这个缺点却是和他的整体形象匹配的：老李给人一种老实敦厚，永远不会花言巧语的感觉。

还有一些电视节目主持人，你初看他们的时候，不觉得他们的外形有什么特别大的优势，听他们说话也听不出有太多的内涵，甚至感觉不到他们的反应有多快。可是，有的节目需要的就是他们的这种感觉：毫无攻击性，令观众感觉此人很有眼缘；没有倾向性，把更多的表达和阐述观点的机会留给嘉宾。

我们在请求别人帮忙的时候，更需要这一点。你当然不必模仿口吃，但是可以在言谈中制造一些停顿，让自己的话说得没有那么快。这样做至少可以起到两个作用：第一，让对方感受到你内心是不愿意给他添麻烦的，你也是鼓足了勇气才提出请求的；第二，让对方的神经由紧绷到放松，他放松的时候，就更愿意接受你的请求了。

例如，你说："我有一个提议，只是不知道可不可以。"

对方说："你说吧。"

你不要立即提，而是停顿一下，说："嗯……"

对方此时进入一个紧张的等待状态，他会说："没关系，你先说说看。"

此时，你说："我希望这个周末，你能陪我去看一场电影。"

如果你是一位女士，这样说话会显得你是含蓄、不轻浮的；如果你是一位男士，这样说话则显得你是一位略显紧张、害怕被拒绝的优雅绅士。

对方这样看待你，就会对你产生一种不忍伤害之心。这样，不管他是否答应你的请求，你在对方心目中的良好形象都没有因为这个请求而遭到破坏，反而更加深了对方对你的好感。

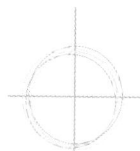

## 拒绝一览无余的直白呈现

　　在很多场合，我们都会被一些有趣的人所吸引。经过长时间观察，我发现，有趣的人之所以有趣，往往是从说第一句话时就很有趣、很特别。他们说第一句话就能"抓住"别人，牢牢地吸引住对方的注意力。接下来，会让人发现他们内在的更多吸引人的方面。

　　有一次，我参加一个朋友的生日会，有一位女士非常引人注目，围绕着她的男男女女时不时爆发出爽朗的笑声。

　　有一个人问她现在是不是单身，她说："像我这样有各种各样缺点的人，我得找个没有缺点的老公，来中和我的生活。"

　　围绕着她的人，尤其是女士们都笑着说她在做"白日梦"。（这不是典型的"想得美"的案例吗？）

　　她接着说："我希望他年轻、富有，对人宽厚又足够潇洒，非常体贴又具有魄力。"（男士们觉得这简直是要求对方是外星人。）

　　于是，她周围的男士有人摇了摇头。

她停顿了一会儿，说了一句："所以，朋友们，我现在单身！"

大家都善意地笑了起来。（这才符合大家对这个社会所持有的看法。而且，看到她爽快的表情，大家猛然又觉得她刚才的话是那么直率，谁又不是在期待自己能碰到一个完美伴侣呢？）

大家释放了刚才所有对她"自视甚高"的误会，有人接着和她聊天，问她平常生活中都做些什么，她说："所以，我现在可以把全部精力都投入我公司的产品上。毕竟，一个完美的产品可以乖乖听我的话，还不会要求我做饭、洗衣、生孩子。"

说到这里，在场的很多人都会心大笑，开始要求和她互相认识、了解，进一步合作。

聚会结束后，这位女士果然成了大赢家，几乎所有人都想认识她，都想和她聊聊天。

从聊天的技术来看，她是一个情商高的人，她让看似稀松平常的事情多了一些余味和情趣。她很坦率地介绍自己，又不会让自己的信息一览无余。她在戏谑和玩笑中，调动和利用别人的情绪，让大家从日常的话题开始了解她。等到别人对她足够有兴趣后，她再介绍自己的职业，还能在这个生硬的话题上，毫不生硬地呼应上面讲过的话题，令人觉得信息连贯、印象深刻。她如此自如，让别人觉得她始终在聊天，但是实际上，她已经成功地推出了自己的个人品牌。

我们在生活中要想多和一些有趣的朋友聊天，可以先尝试着在一些自己和别人之间的平常问答中加进一些生活的趣味，让自己的情绪和回答，甚至自己整个人都能更有趣地呈现出来。

生活中如此，工作中更是如此。

会聊天的人擅长在平常中制造不平常，于是一名普通员工也能把自己领导的情绪快速调动起来。哪怕在电梯里遇到领导，也许只有一分钟的时间，他也会说上一句："昨天晚上看新闻，发现有个经济学家的观点和您说的一模一样。"这句话足以调动对方的好奇，领导多半会接着追问："是哪一句？"员工就可以争取更多和领导聊天的机会了。

还有的销售人士在和别人聊天的时候，会说上一句："我只耽误您一分钟的时间。"一般情况下，大家不会拒绝他的请求。于是，他抓住一分钟的时间，埋伏下足够多引起顾客注意的事件，下次再争取上门拜访，便于更好地给顾客解释其中的细节。

甚至在做工作汇报的时候，如果领导没有充足的时间，你只能做个简短的展示，要记住你展示的重点一定不要面面俱到。如同我们在生活中的聊天，没有办法在短短的几句话里涵盖所有的信息，它所呈现和介绍的重点一定是有趣的、丰富的，能引起对方好奇心的事情。

我们常常会看到一些年轻的孩子特别"老实"，完全按照别人提出来的规定办事情，不知道变通。例如，有个年轻的同事曾让我给他 3 分钟时间，他要做一个简短的项目策划的汇报。我后悔自己没有告诉他，其实 30 分钟也可以！

因为在接下来的过程中，我惊讶地发现，我自己像在 3 分钟内听对方说了一个绕口令。他说的要点，我基本上没什么印象，但他说话的语速快到令我随时想提醒他别忘了呼吸。更令人遗憾的是，还不到 2 分钟，他就把自己想说的全说完了。

可见，表达能力多么需要学习和有效训练。

我相信，任何一个高情商、会说话的人都不敢说自己在聊天和表达方面已经没有问题了。拿我自己来说，聊天和说话这个技能我从上大学开始就有意识地学习了，至今是我重要的工作内容，但我还是常常担心自己说得不好。

说得无趣、说得别人不懂、说得太快了都不是问题，真正的问题往往在于我们还误以为自己说得非常好。所以，在我和别人聊事情的时候，无论我觉得自己聊得有多好，我都习惯于自己聊完了之后，把话题抛给现场的另一个人来进行补充，以避免让自己成为话题终结者，令大家尴尬。

## 人们需要高水平的安慰

当看到别人伤心的时候，你会默默走开还是上前安慰几句？如果你安慰别人的时候说错了话，还不如默默走开。

那么，我们针对别人出现的不同状况，应该怎么说呢？

当别人不希望被问太多原因的时候，就一定不要追问，因为信息也是一种资源。你的步步紧逼会给他一种压力，他甚至会认为你利用他脆弱的时刻趁火打劫。

当别人倾诉自己有多么惨的时候，很多人都有一种偏见，以为此时只有开启"比惨模式"才会让对方舒缓情绪。这其实是一种很初级的做法，大家可以体会下面三段对话的不同。

初级说法：

"我今天很不开心。"

"怎么了？"

"因为我觉得自己在这个公司没有价值。"

"其实我也是，我在这个公司也没价值感。其他人都太厉害了，业绩也特别强。我一想到别人比我厉害，也常常不知道该怎么办，我甚至还去给其他公司投了简历……"

"啊？！"

升级说法：

"我今天很不开心。"

"怎么了？"

"因为我觉得自己在这个公司没有价值。"

"其实，我以前也有过这样的感觉。感觉别人比自己厉害，有时候也觉得自己的业绩做得不太顺。过了一段很纠结的时光，才走出来。"

"噢，那你是怎么走出来的？"

"我给自己做工作日志，记录自己每天一点一点的进步。通过记录，我不和别人比，只和自己比。看到自己在一步步踏实地前进，我心里就不慌乱了。我知道别人今天做到的，我可以通过自己的努力明天来实现。"

"噢，你太厉害了，那我也试试吧。"

高级说法：

"我今天很不开心。"

"怎么了？"

"因为我觉得自己在这个公司没有价值。"

"你怎么能有这样的感觉？"

"我比较了一下自己部门的同事，发现别人做的业务量是我的 3 倍，可是我的工作时间比他们任何一个人的都长。我周末还加班，甚至花了好多钱去外面参加相关业务的培训，可是都没有什么效果，我觉得我快坚持不下去了。"

"噢，我觉得你很了不起呀。这么忙碌的生活节奏，还能坚持给自己充电的人不多了！你学习的东西将来一定能派上用场。另外，我也不认为你和自己部门的同事比较，你比任何一个人差。我们每个人刚来这个公司的时候都是手忙脚乱的，而你居然很好地适应了，还能在业务上量化自己和别人的差距。你这么有心，一定会越来越好。不信的话，你可以每天做一做工作日志，也许就能发现你和别人的差距在逐渐变小，你正在一条通往强大的路上一路狂奔呢！"

初级说法的危害在于，因为比惨，过度地透露了自己的信息。而且，这种负面的想法对需要安慰的人根本不起积极作用。也许对方当时觉得有个人和自己一起站在沼泽里，心理上会产生一点儿亲近的感觉，但是事后，只要对方过了这个阶段，就会看轻你，觉得你不过如此。

中级说法比初级说法有所升级，能够成功地转移对方的情绪和话题，并且给对方提供了合理的建议，但是这样的说法会让对方当时只能说你真棒，说你比他厉害，说他要跟你学习学习。要知道，需要安慰的人本来就处于一个自我价值感很弱的阶段，而你几乎是站在岸边，对着一个沼泽地里的人喊："过来吧！可容易了，我当年就是轻而易举地过来的！"从表面上看，这样的安慰没什么问题，但是这对促进两个人的关系并不会起到更积极的作用。

高级说法的优势在于，提醒对方，你的脚下本来就没有沼泽，你"本来就很美"，从根本上帮对方建立自信！要知道，无论一个人遇到多么棘手的事件、有着多么糟糕的境遇，最终都要靠他自己去克服。先有自信，后有方法。当对方的自信提高的时候，无论你推荐的方法是否管用，对方都会积极尝试，并且在方法无用的时候依然对你心怀感激，然后寻找其他的方法实现自己的目标。


当别人说自己的感情出现问题的时候，大家也可以比较一下这三种说法的不同。

初级说法：

"我今天不开心，和老公吵架了。"

"为什么呢？"

"因为老公的妹妹想来我家住一段时间，我没答应。"

"噢，你老公真是太不尊重人了。他凭什么替你做决定，他根本就是想欺负你。"

升级说法：

"我今天不开心，和老公吵架了。"

"为什么呢？"

"因为老公的妹妹想来我家住一段时间，我没答应。"

"噢，那你就直接告诉他你不同意，但是不要和他吵了。"

高级说法：

"我今天不开心，和老公吵架了。"

"为什么呢？"

"因为老公的妹妹想来我家住一段时间，我没答应。"

"噢，你老公肯定也知道不方便，但是他可能觉得你是个大度的人，就答应了。当然，再大度的人也有自己不能接受的事情。所以，他提他的需求，你也可以提你的需求：他妹妹是不是一定要住你家？她想住多久？如果一定要来家里住，那么三个人的生活怎样可以互相都不打扰……也许你们聊着聊着，他自己就觉得太麻烦，不太合适了。"

在这个案例演示中，初级说法的危害是没有从本质上把握人与人之间的关系，尤其对夫妻矛盾来说，任何评判的人都是"外人"。对方向你倾诉自己不能解决的烦心事，正是因为她和最亲密的人之间有分歧。初级说法有可能加深分歧、离间关系，让对方置于危险的境地，就是把自己置于危险之中。

升级说法的特点是，维护了眼前人，表面上对对方的伴侣并没有指责，而是直接给出了建议。当然，这对对方解决真正的问题来说，是没有什么作用的。需要安慰的人并非不知道吵架不好，而是由于和最亲密的人意见不同，当时可能就有点儿心情不好。她也并非没有先向对方表明态度，只是由于内心太强烈的排斥，有可能乱了阵脚，于是演变成了与丈夫的吵架。总之，升级说法的建议是对的，但是并没有什么作用。

高级说法的优势在于，面面俱到，案例中的老公、老婆、妹妹都是好人，万事都有解决的办法。这样的回答能够在这么不利的情况下，不仅能让对方的心情得到平复，同时在劝慰对方的时候，还提供了帮对方分步骤进行谈判的方法。


当你的同事骂你们共同的领导时，你也可以比较一下这三种说法的不同。

初级说法：

"我今天不开心，领导批评我了。"

"为什么呢？"

"他说我工作不积极。"

"咱们领导就是个工作狂，总是用他的工作态度来要求别人，他就是做梦！"

升级说法：

"我今天不开心，领导批评我了。"

"为什么呢？"

"他说我工作不积极。"

"咱们领导哇……唉！"

高级说法：

"我今天不开心，领导批评我了。"

"为什么呢？"

"他说我工作不积极。"

"看来他对你期望挺高哇。"

初级说法的危害是，让自己完全站在了领导的对立面，而且胁迫诉苦的人也站在领导的对立面，这是非常不妙的。在任何公司和单位，领导的作用基本等同于资源，一个想快速发展的人，一定不可以得罪自己的领导。

升级说法的特点是，和自己的同事站在了一起。同时，对领导的一声叹息并没有明确指责自己的领导，但是又暗含批评。

高级说法的优势在于，能够把负面情绪转化为正面的、积极的力量，既赞美了对方，又没有批评领导，让所有人都能够进入一个良性的环境中。

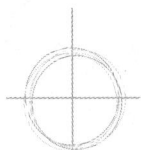

## 说“对不起”的艺术

在生活中，我们常常需要对别人说“对不起”。

我们分三种情况介绍对不起应该怎么说：第一种是真正给别人造成困扰和让别人不开心的时候；第二种是在工作中的某些重要时刻，我们要判断是否需要说“对不起”；第三种是别人指责我们并没有达到他们期待我们达到的目标的时候。

第一种情况，无论事大事小，都没有不能接受的道歉，只有不能接受的敷衍。

说“对不起”是一种对你内心的考验，你是真心承认自己对别人已经造成了伤害，还是给自己找各种各样的借口，或者是从根本上觉得说句“对不起”只是为了摆平眼前的事。

内心的想法不同会让你的语言呈现不同的气势。

“对不起，但我不知道，我不就是晚来了 20 分钟，你为什么这么生气？"

"你不必这么生气，我对你说'对不起'还不行吗？"

"你别再揪着这个问题不放了，这个事儿算我错了。"

很难想象以上三种说法是出自真诚、想道歉的心，仅仅是几个词就暗示着道歉的人有多么勉强和不情愿。尤其是第一句道歉，不但没有平复对方的情绪，反而会因为语言中暗含着的那种指责而激怒对方。

正确的道歉是一句恰到好处的"对不起"，在亲密关系中尤其适用。当你的伴侣生气的时候，你不该先说"对不起"，而是说："让我们一起来看看问题出在哪里。"

你的伴侣多半情况下都不会拒绝这样的请求，因为对一个人来说，听到对方说一句"对不起"不如听到对方说"以后不会再因为此类事件惹你生气"这样的话。

接下来，你们就可以一起梳理过程。这样的方式不但疏导了情绪，还避免了激化矛盾，因为当对方开始倾诉和表达的时候，两人都进入了理性状态。

你也不必一定停留在道歉的区域，而是可以主动出击，询问对方更细节的感受和态度，借此了解对方究竟是怎样的人，摸清与他交往和交流的雷区究竟在哪里。

"你迟到了，我等了足足 20 分钟，这让我很生气。"

"你居然为了工作上的事耽误了我们的约会。"

"你明知道自己迟到了，还坐公交车过来。你就不能打个车吗？"

假如对方表达了以上说法，说明他在乎的重点是不同的：第一种说法是对方对时间的态度很认真，第二种说法可以从对方看待迟到的原因上分析出对方并不要求你是一个事业型的人，第三种说法可以看出对方的消费观和你之间的差异。

第二种情况，在工作中需要说"对不起"的时候，要注意其中的利害关系。

有的情况下，我们坚决不能说"对不起"。

有时，你一定不能有个人感情的流露。万一你说出"对不起"，事情就会朝着更恶化的方向发展。

很多年前，我刚升职的时候发生了一件事情。

我的团队中有一个男孩，上班的时候总是玩手机。有时候，我走到他身边发现他正在玩游戏，就会用手敲一敲他的桌子示意一下。开始的时候，他还比较注意，会有所收敛。

过了一段时间，他的心思明显就已经不在工作上了，经常玩游戏，团队的任务常常不能完成，给其他的同事添了不少麻烦。后来，我找他谈话，他表示有一些私人的事情无法解决，心情无法调整。随后在一项重要的考核中，他没有达标，公司对他予以辞退，我也并没有挽留他。

公司辞退他的当晚，我接到了他母亲的电话，是从一个很偏远的地方打来的。原来，这个男孩的家里的确出现了一些变故：父母离异，双方为家中并不多的财产大打出手……这位母亲当时就在电话里哭出声来，说自己唯一的希望就是儿子。儿子在大城市找到了一份好工作令她很欣慰，都是自己的婚姻不幸，让儿子多年来在精神状态上很不好。她还表示自己的儿子是一个好孩子，就是太内向，不爱说话，有时候会得罪别人，希望我作为他的领导，再给他一次机会。

面对一个老母亲的哭泣，我的确心软了。于是，我花了很长的时间接听这个电话，并从我的角度来宽慰老人。

我告诉了她三点。第一，是公司的考核他没有通过，所有人都按照统一的标准进行录用，并不存在针对他个人的行为。这个孩子平时与人为善，与大家之间没有矛盾。

第二，他近期的状态是不好，不太适合工作。以往他上班玩游戏，我示意一下，他会改正。后来，即使我明确表示他不可以在上班的时候玩手机，他还是继续低头玩手机。这表示他已经进入一个自己都不能调整的状态了。

第三，也许在她生活的地方，一个男孩找一个不用风吹日晒、坐在办公室的工作的确很难，因为越是在小城市，得到这样的工作机会就越少，可是在大城市，工作岗位和机会都很多。她的孩子从我们公司离开，只要锻炼好自己的能力、调整好自己的心态，保持积极的态度，找到类似的工作并不困难。

这位母亲并没有放弃，依然对我说起她给儿子造成的伤害，而且哭着求我一定要帮她让儿子重回公司上班。我最后只能说："公司有公司的决定，公司也有公司的规矩。如果您一定希望自己的孩子重回我们公司上班，那就只能在我们再次招聘的时候，我把这个信息告诉给您的孩子，请他再来面试。但是，我并不知道什么时候会有这样的机会。"

就这样，这个长途电话打了很长时间，还是在对方并不太愿意挂电话的状态下结束的。

后来，公司很长时间都没有招聘，我也渐渐淡忘了这个电话。突然有一天，在一次业内的聚会上，我听到了一个消息。

这个男孩去了另一家公司，与那家公司产生了一些矛盾，出现了要把他辞退的情况。这个坏消息是那家公司人事部门的一个小姑娘负责通知他的。可是后来，男孩的家里来了几个人，对这个姑娘不依不饶，说她答应好的事情并没有做到，还说她理亏，说她当初就表示不应该辞退这个男孩，当时答应帮助他重回工作岗位，事情却没办成。这个小姑娘道歉了，但是道歉没有用，他们要求公司必须再次录用这个男孩。最后，小姑娘出于种种原因被迫离开了公司，这个男孩也没有再回那家公司。

听到这个消息，我感喟不已。在工作上，我们常常会遇到很多人，有的人的成长环境和生活都是和我们不同的。可是，人人都有自己的困难需要克服，我们有时候面对一些存在各种困难的人，要克服自己过多的"热心"。或者说，有的热心在本质上是一种"软弱"。

在面对一位母亲的电话时，你会承受很大的情感压力，但是如果你顶不住这样的压力，不自控地表达同情，并做出一些承诺……对方就会理解为，她已经彻底解决了一件事情。她不会认为你只是出于同情说了几句安慰的话，或者认为这只是你的个人行为，她会坚决地认为你代表一个公司做出了承诺。继而，你要为你本来不能承担的责任负责。这样会给双方都带来伤害，尤其是对你自己！

在类似的事件上，不论你被哪种方式逼迫到墙角，都不应该说"对不起"。

不过，还有一种情况，是你应该以"对不起"或者"不好意思，给您添麻烦了"开始的。比如，当你销售的东西出现问题的时候，你明知道对方应该找你们公司的售后部门来解决，但是因为客户是从你手上买的东西出问题了，所以你先表示抱歉，显示一种诚恳态度是正确的。这时，如果你说"对不起"，就不会有人对你不依不饶。

第三种情况通常发生在比较亲近的人之间。当我们没有达到别人的期待时，说"对不起"是对自己的残忍。比如，当别人干涉你的生活时，不要轻易说"对不起"，这样会赋予别人介入你生活的权利。这样的情况很多：当父母怪你为什么还不结婚的时候，当亲友说起你在国企工作得好好的却要转行的时候……这都属于别人对你的一种期待。

　　从根本上来说，这些是别人的事情，也是别人的焦虑，你完全不必为别人的焦虑而动摇对自己的信心，或是改变自己原来的目标。

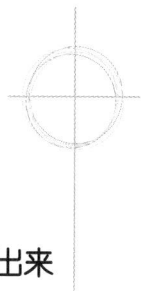

## 把你的情绪说出来

人们难免有生气、郁闷、伤心和不被人理解的时候，这时候，说什么、做什么更能展示出你整个人的态度：有的人对令自己不舒服的人直接进行人身攻击；有的人表面什么都不说，回家生气，气出了内伤；还有的人只求当时痛快，大发脾气，令对方无力还击，结果丢掉了自己的朋友和客户。

以上都不可取，我们应该提前训练自己面对一些不愉快的场合的说话能力。这样遇到各种情况的时候，我们就能开口说，不让自己气出内伤，说对了，也不伤害别人。我们可以遵循以下三条原则：

去陈述事实，不编造故事；

去表达自己，不评价别人；

去讨论感受，不争论道理。

以上三条看起来并不难，想在盛怒之时做到却很难，我们需要更深刻地理解为什么要这么做。

举个例子来说，当我们迟到的时候，我们期待别人有什么样的反应？

对方可能有以下四种反应。

第一种："你真是一个不守时的人。"

第二种："你到底是怎么一回事？"

第三种："你迟到了半小时。"

第四种："我有点担心你，没出什么状况吧？"

第一种说法最糟糕，对方表达负面情绪的时候，给你贴上了负面的标签。这意味着对你这个人的否定，也将导致双方关系的全面恶化。

第二种说法是直接宣泄情绪。这样的指责让你备感压力，不过没有对你这个人做出坏的评价。

第三种说法说明对方基本上已经调整好了情绪，只陈述了一个事实。在陈述中暗含着对方对你的期待，也就是他等待你的解释。

第四种说法是最会说话的人才能做出的表达。这样的一句关心，足以让你如沐春风，感受到善意和对方给予的关心。

也许会有人说："我为什么要委屈自己？"既然要把自己的情绪表达出来，当然就是为了让对方知道他错在哪里了，让他知道"我不是好惹的"。

其实，对错并非绝对，这要看我们的大脑是如何加工自己所见到的事实的。

以上述场景为例，事实只有一个，那就是你迟到了半小时。

可是，人们在大脑中加工事实的情况并不一样。

不自信的人感受到的是一种轻视，自负的人感到的是一种冒犯，冷静的人认为是一种常态，一个包容性强的人能够感受到对方的紧张和无奈。

我们要尽量让自己的心胸开阔，因为我们对待自己和对待别人的标准有时候存在着天壤之别。

当我们自己迟到时，我们告诉自己，这只是偶然现象；当别人迟到时，我们有可能认为对方是个懒惰的人。当我们自己的工作出现失误时，我们告诉自己，都是因为最近任务太多，才忙中出错；当别人出现同样的错误时，我们有可能认定是对方能力不足。当我们去大把挥霍时间时，我们告诉自己，人生难免有一些放松的时刻；当别人享受这样的"放松"时，我们有可能觉得对方就是不求上进。

由此，我们可以看出，要改变语言，先要改变原则；要改变原则，先要改变思路。


以下三个场景可以帮助我们更好地理解和使用前面所说的三个原则。

当你好心邀请你的同事参加一个行业聚会的时候，他本来答应要来，最后却并没有来，你会以什么样的方式来询问他？

除了指责对方"出尔反尔"，你可以这样说："我邀请你一起来，本以为你会来，但是我没有看到你。是因为这个时间点令你有些为难吗？"这样的提问，你同时做到了：陈述事实，不编故事；表达自己，不评价对方；关注对方的感受，没有争论道理。

当你的父母干涉你的生活、婚姻、工作的时候，你真想说："这是我自己的事，用不着你们操心。"可是，你知道他们对你的干扰源于他们的关心。所以，你可以这样直接表达自己的态度："我希望自己能够更加独立，所以期待你们能对我的婚姻赞助不包办，对我的工作建议不决策。"

当你的伴侣指责你太胖的时候，你本想还击："你也很胖。"可是，也许对方并不胖，也许对方真的是在为你的健康担心。那么，你可以这样说："我听到你说我胖，这让我更加焦虑。我希望下一次在我忍不住要吃更多的时候，你给我一个善意的提醒。或者在你出去锻炼身体的时候，能有一点儿耐心等待我和你一起去锻炼。"

值得注意的是，我们使用这样的表达方式时，要尽量把"我"放在句首，因为把"你"放在句首，在对方看来有可能是指责。当对方认为你在指责他的时候，他也不会顾全你的感受，反而会展开全面的自我防卫。那样谈话就真的进入了僵局，很难再靠三言两语挽救回来。

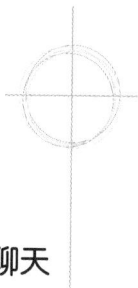

## 如何和内向的人聊天

和外向的人一起聊天，你可以放松；和内向的人一起聊天，你更要尊重他们的感受，并且给他们发言的机会。

曾经有一次，我和部门的同事开会，这次开会多了一名实习生。那是一个很老实、木讷的男生，我们开会谈到了很多计划，他都低头不语。

后来，我们聊到了一个赞助方，希望他们能够为一次活动提供充足而有品位的礼品。分配工作的时候，我安排了这个男孩加入这次活动，并随口问他"没问题吧"。男孩立即表示没问题，同时很认真地当场去确认和记录此次活动所需要的礼品数量和时间，并针对不同的情况将礼品做了分类。

更令人没想到的是，他说完这些，居然用低低的声音说了一句："那这样我就和我姐夫说去……"马上有同事留意到了他的这句话。这时，我们才知道，这个男孩的姐夫就是合作方的重要决策人。

在那次活动中，这个男孩的确发挥了很大的协调作用。后来，有人问他为什么这么低调，他的回答是："大家没有问的事情，我自己不愿意说。"

到后来，更让我们惊喜的是，这个男孩是团队中一个看似不活跃却很重要的人：开会时，大家一起天马行空地跑题的时候，他会羞涩而及时地劝大伙收回话题；当部门举办一些活动的时候，他甚至成了幕后的主角，提醒大家掌握节奏和流程；当我们通知客户来参加活动时，如果让他去联系和通知对方，他一定会把活动地址的具体位置描述得很清楚，将乘车路线、私家车如何停车等细节全部通知对方。

内向的人就是这样，也许他们思虑事情的想法很周全，也许他们对处理问题有自己的独特优势，但是你不关注他们的感受，他们就不会主动去提。尤其在公开场合，我们会发现总有几个积极发言的人，但这几个人的能量和观点有时候不足以涵盖你要知道的事情，所以开会的时候，在场只要有沉默的人，一定要适时地把话题引过去。

只要你有目标感地对他问一问"你觉得呢""你还有什么意见吗"，就比你对所有人说"还有不同意见的人可以提"更能激发他们参与和说话的欲望。

在日常生活中，我们和内向的人聊天，也有特别要注意的地方。

虽然我们有时候抱怨对方的话题太少，但是在对方看来，他已经表达了很强的沟通意愿。

例如，一个内向的人突然问你："你周末干什么？"

如果你仅仅回答："我周末约了朋友去看望一位老首长。"

话题就到此结束，两个人的关系基本不会再推进了。

内向的人和外向的人有本质上的不同，外向的人提出一个问题后，会自动推进这个话题。还是以上面这个话题为例，外向的人可能就会自动接上话题，表达自己的计划："噢，你的活动还挺丰富的。我这个周末想去找个度假村放松一下，你有没有什么好的地方可以推荐？"

但是对内向的人而言，他一个简单的提问中可能暗含着某种需求和疑问。他期待你回答完自己的问题后，问出那一句重要的话："你呢？"当你问出一句他期待的话时，他才能进入自我表达的阶段。

例如以下的对话：

初级说法：

"你周末干什么？"

"我去找朋友，你呢？"

"我一个人待着。"

以上对话的缺憾是因为对方封闭了自己，话题本可以再进一步，却到此结束了。在这里给大家透露一个简单的回应方法，那就是当对方说了一句你很难接的话，或者是一时难以回应的话题时，你可以通过回复对方的关键词，给自己找时间，或者是启发对方再次进入互动中。例如：

"你周末干什么？"

"我去找朋友，你呢？"

"我一个人待着。"

"噢，一个人待着呀？"

"是的，周末也不知道去哪里。"

"我推荐你去一下附近新开的一个健身房，挺好的。"

"哦？"

"我和朋友去过，健身教练很专业……"

升级说法：

"你周末干什么？"

"我去找朋友，你呢？"

"我一个人待着。"

"噢，一个人待着不错呀，不被人打扰。那你一个人的时候愿意做些什么呢？"

"我爱看美剧。"

"噢，我看不懂，我爱看韩剧。最新出了一部韩剧，男主角是……"

以上对话存在的问题对很多人来说都很常见，那就是开始的时候话题成功地引导了对方，但是后期，自己就成了"麦霸"，围绕着自己开始表达和倾诉，完全忽略了对方的感受。

高级说法：

"你周末干什么？"

"我去找朋友，你呢？"

"我一个人待着。"

"噢，一个人待着不错呀，不被人打扰。那你一个人的时候愿意做些什么呢？"

"我爱看美剧。"

"美剧是不是更贴近生活呀？"

"我觉得美剧里的人物有很多缺点，却很有趣。"

以上对话的优点在于用提问引导对方有更多的表达。只要你开启了对方心房，你会发现内向的人心中别有丘壑。

## 扫一扫对方的困意

　　和善于倾听的人聊天是一种享受，和没有时间听我们说话的人聊天，有时候却是我们不得不面对的常态。

　　和这样的人聊天的时候，要迅速吸引对方的注意力。不然，即使你有再多的真知灼见或者新鲜、有趣的笑谈，如果不能在开始聊的三分钟让对方的精神为之一振，那么后面你会发现，无论你怎么努力，对方都是意兴阑珊。

　　那么，怎么能一扫对方的困意呢？尤其对经常听恭维话的人来说，他需要听到一些让自己精神一振的话。所以，你得大胆地"刺激"他一下，让他的思维活起来。此时，他才能真正听到你说的话，也才能对你留下深刻的印象。

　　由于工作需要，我常常需要面对一些创业者和企业家。这两类人相对来说都不是好的倾听者，因为创业者和企业家的时间和注意力都是成本。

可是，在和他们谈合作之前，我不得不说些什么，让他们好好听我说话。

有时候，我会引用他们曾经说过的话，从中加工出一个疑问，例如："您曾经在很多场合讲过您做企业的初衷和您对该企业的发展愿景，其中您讲到过您一定不会让自己的企业涉足一些您不了解的行业。可是，我发现近年来，您的企业在传统的行业里也在布局和谋发展，您是怎样看待自己的这种变化呢？"

或者根据企业发展的规律，问一个常规的问题，例如："任何企业的发展都要经历初创期、发展期、成熟期和衰退期，您有没有对自己的企业在未来可能要面临的衰退期做一些计划和准备？"

这些问题听起来也许并没有什么特别，但是如果在合适的时机下问出，就会绵里藏针，令人一扫困意。

有时候，哪怕是对别人的恭维，你也可以让你的思路不走寻常路，让对方"醒一下"。


对初次见面聊天的人而言，恭维别人没有的东西是一种讽刺，恭维别人拥有的东西是一种常态，恭维别人已有的东西可能带来的烦恼是一种深入的洞察，容易引起共鸣，并能推进聊天。

如何在常规动作中玩出花样，让对方有精神和你继续聊下去也是一种艺术。

拿女性来说。

初级说法：

"你不仅漂亮，还有才华。"

对方感受：会对你产生怀疑，你怎么能用眼睛看出这么"笼统"的"才华"？

升级说法：

"你是我见过的女创业家里最漂亮的女士。"

对方感受：虽然流于俗套，但是内心一定不会产生不悦的感觉。

高级说法：

"因为你是企业家，要和形形色色的人打交道，你怕不怕别人不在乎你的内涵，只根据你的外表，就判断你只是一个漂亮、单纯的小姑娘？"

对方感受：提出这样的问题，显然你对她的外表是高度赞美的，同时让她既能够感受到你的赞美，又能够愿意和你往下深聊。


对一些男性的恭维，我们可以用提问的方式入手，因为你毕竟不可能一见面就说："你真是个坚强的男子汉。"

所以，你的恭维可以转换成一种请教的方式，可以询问对方一些问题，让他感受到你对他的关注和崇拜。

比如："外界传言，这次为了企业更大的发展，您在股权上做了很大的让步，是什么让您具备这样的公心和洒脱？"

又如："我们都知道您总是提倡'办法总比困难多'，我曾听您的客户这样对我说起您，他说，只要您在现场，他们感觉一切问题都会有办法解决。那么，在您的职业生涯中，有哪一次的事件让您感觉最棘手？"

以上的提问中暗含着一种对对方品行的恭维，在无形中拉近了彼此的关系，打开了聊天的新局面。

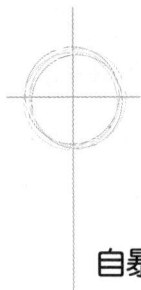

## 自暴己短才是真诚之道

我们在生活中能看到很多真诚却不会说话的人。思想上，我们知道这样的人值得结交，但是行为上我们偏偏选择了远离。可见，一个人真诚很重要，但是说话显得真诚又能恰到好处也非常重要。

偏偏就是有很多人，在聊天这方面对自己没有严格的要求，动辄说"我心地很好，只是不会说话""我心直口快，所以别人不能接受""我这么严厉地说话都是为了他好，为了让他意识到他的错误"。

以上这些说话方式都是自以为是的真诚。我常常用下面这个例子，让大家感受"自以为是"有多不可靠。

有个男人发牢骚说："我对我的女神那么好，可她为什么从来不给我打电话？！"

朋友为了维护对方的感受，立即回应："就是，她居然不给你打电话，真是太过分了。不过，你是怎么对她好的？"

这个男人说："我经常想着她——天气好的时候，我会想象她今天会做什么，她完全可以去游泳、打球、远足。天气不好的时候，我会为她担心，想她出门会不会被太阳晒到。我享受美食的时候会惦记着她是否好好吃早餐了，还会担心她会不会因为总想着减肥而失去享受美食的乐趣……"

朋友接着说："就是说，你对她付出的一切，全部是在脑海里完成的，是吗？"

男人说："是啊，我们甚至都没有留对方的电话号码。"

很多朋友听完后，都说这完全是杜撰的，生活中怎么可能有这样的故事？我的回答是，故事是我杜撰的，道理却是真实的，并且在我们的生活中处处可见。

太多的人在和别人交往时，只是为了完成自我感动，完全不在乎别人"接收"了多少好处。如同上述的笑话，对方一点好处都没有享受到，说话的人却被自己感动得热泪盈眶。

更可怕的是，在聊天中，有的人说话只是为了让自己痛快，对方得到的可能只有伤害。同时，说话的人还美化自己的语言，说自己真的是为了说出真相，帮助对方成长。

所以，我在此一定要强调的是，真诚，不是你自己以为的口无遮拦，而是让对方感觉到的舒服。如何能够让对方舒服，我们可以从自暴己短来入手，而不是只盯着别人的短处。

第一，你可以点出自己存在着同样的问题。

在指出别人的缺点时，要告诉对方，你之所以对这个问题敏感，是因为你自己曾经也有这样的问题，再告诉对方你是如何克服的。

　　我们感受一下两种策略的不同。

　　初级说法："我开诚布公地告诉你，在这个事情上，你太想讨好所有人了，所以你模糊重点、远离目标，你的失败是必然的。而且，现在没有一个人说你的好话，大家都觉得你开始的时候给所有人画大饼，最后跟着你的人什么都没有得到。"

　　升级说法："我能理解你在这个事情上的感受，你一开始时只是希望所有人都满意，这种好的想法在实际操作的时候却很难实现。我刚开始创业时也是这样的，后来我做事情的时候变乖了，会在一开始就把风险情况提醒给所有人知道。"

　　第二，要站在对方的角度来看自己，表明你在乎对方的感受。

　　当我们遇到一个令我们特别放松的人时，一定要记得提醒自己，那是对方做得很好，对方是个情商高手。在这个过程中，我们享受到了对方带给我们的愉悦，我们投桃报李，要看到自己不足的地方，并真诚地表达出来。

　　初级说法："今天是我们第一次见面，我觉得你这个人挺好的。和你在一起，我想说什么就说什么，真是太放松了。你下次什么时候有空？我还想找你聊天。"

　　升级说法："我今天和你是第一次见面，但我说了很多心里话。

也许对你来说，我显得太唐突了，但是我的确对你产生了一种老朋友一样的感觉。希望下一次也让我多倾听你的心声。"

第三，把自己暴露出来的短处进行反转、合理分析和解释。

当你对一个人充满好感的时候，你会面临两种情况：第一种情况是对方真的知道你是很认可他的；第二种情况也完全有可能存在，就是真的产生了误会，对方并不知道你对他产生了好感。所以，你需要真诚地把自己的想法全面地表达出来。

初级说法："我平时很愿意和人沟通，今天不知道怎么了，特别不爱说话。"

升级说法："我平时话很多，今天话很少，因为你是少数能让我觉得，两个人坐在一起，不说什么话也感觉很自如的人。"

## 储备多样化的聊天经验

我和年轻人聊天的次数多了，就发现年轻人分为三种类型，第一类是愿意听我说的人。他们有很多的迷茫，像探险似的接触这个世界，非常期待遇到有社会经验的人给予一定的指导。第二类是只在乎自己表达的人。他们不太在乎经验，也不太在乎别人怎么看自己，特立独行，有自己独特的观点。哪怕是错的，他们也有坚持的勇气。第三类是心有定见却也不固化思维的年轻人。和他们聊天，你会发现他们的套路很深。他们会一层层地提问，来验证他们已有的观点，并利用你的经验来弥补他们思考不周的地方。

这三类年轻人的特点都不是一朝一夕培养出来的，他们聊天的风格都和成长的经历相关联。我也曾是个年轻人，我推断这三种类型的年轻人可能有以下这些人生阅历。

第一类年轻人所遇到的年长的人，可能是他们的亲友，或者是他们的师长，都是很有能力的人。只是由于这些年轻人比较内向，或者自信不足，而常常不敢和比他们年长的人交流和沟通。于是，他们一开口说话就容易变成"等待指导型"。

第二类年轻人，有可能是身边所遇到的年长的人，在他们看来活得并不精彩，也不值得他们崇拜和学习，所以他们有着很强的叛逆精神。他们不相信经验，而是更相信自己，他们一聊天就变成了"自我抒发型"。

第三类年轻人属于"心态开放型"，这种类型的人最大的优势在于不卑不亢。无论面对强势的人还是弱势的人，他们都能够用自己的智慧、想法驾驭和把握聊天的走向，而不会被对方的年龄、身份、地位所影响。

年轻人如何养成这种开放的聊天心态呢？我建议年轻人在踏入社会之前储备多样化的聊天经验，这个方法对想改变的第一类年轻人和第二类年轻人来说都是有效的。比如，和不同层次、不同社会地位、不同年龄段的人聊天。在这里，我要强调的是，要多和比你年龄大的人聊天，因为一个人和比自己年龄小的人沟通的时候，障碍还是比较少的，所以找比自己年龄大的人聊天更具挑战性。

我们怎么找年龄大的人来储备聊天经验呢？不妨从身边的人入手，这是一个人最宝贵的资源。我们试想一下，一个年轻人只和自己的同龄人或者比自己年龄小的人交往，那么他遇到一些年龄大的人的时候，别人知道他在想什么，而他不知道对方在想什么；别人知道他的语言特点是什么，而他不知道怎么和年长的人打开话匣子。况且，一些重要的客户和领导一般都是年长的人，毕竟资历和财富都是要靠时间去积累的。

具体如何操作呢？我们从以下三方面入手。

第一，和你的父亲聊天。你可以通过和他聊他的生活经验，了解他所处的时代背景如何形成了他的价值观。而且，先与父亲开始聊天的好处是不怕犯错。聊好了，两个人开心；聊得不好了，至亲没有隔夜仇。你可以在这样的聊天过程中，体会年长的人说话的节奏和特点。

第二，和你的长辈聊天。这是帮你拓展聊天范围和层次的方法，有的年轻人很不喜欢走亲戚，把看望长辈当成一种负担，这其实错过了锻炼自己的机会。不要因为怕麻烦和懒，就忽视了这个重要的机会。和除了父亲以外的其他长辈聊天，好处是能通过慢慢锻炼，使你和不同圈层的年长的人都能够聊得来。最重要的是，在这个过程中体会一种人际关系中的微妙距离——对方和你之间有着一种微妙的距离。这个距离会提醒你如何说一些很实在的话，同时又能面面俱到，不引起对方的反感。

第三，和你的老师聊天。和老师聊得来，将来你就能和你的领导聊得来。我上学的时候就很爱和我的老师们聊天，这让我受益匪浅。比如，当时看到老师讲课时的风采，我误以为老师能够解决生活中所有的困惑，甚至容易神化对方，认为对方没有七情六欲。

后来，我和我的一位老师走得近了，还经常去老师家吃饭。我就发现，我所尊敬的老师学富五车，他不仅在本专业有所造诣，还对经济学、社会学、哲学、心理学都有很深的造诣。但是，他依然会被现实中的问题所困惑：他头疼和家人的关系，他头疼复杂的社会关系，他恨自己没有一张安静的书桌，他反感总是有人来找他办一些他办不到的事情……

真正和老师走得近了，他便不再隐藏自己，在把他的经验和见解分享给我的同时，也把他的烦恼偶尔向我说说。我当时瞬间就懂得了什么才是人获得财务自由之后所面对的精神困惑。

后来，我在工作中和我的领导多有接触，我好像下意识地知道了他们这个年龄段的人的压力和苦恼是什么。所以，我小心地避开领导的禁区，知道有些话题坚决不能提；在汇报工作的时候，最好准备两个思路汇报，便于领导在繁忙的工作中可以快速做出选择；从来不辜负领导的信任，而是踏踏实实做好本职工作，不评价、不纠结、不陷入人事上的纠纷。

再后来，我第一次采访的就是一个重要人物，他是一个年长我很多的人。还好他的风格正好有点像我的那位大学老师，所以他的面部表情并没有吓到我。

我知道采访并不是从镜头对着我的第一个提问开始的，而是从我一接触就已经开始了。所以，我做到了轻松、自然。

我的老师告诉我，他并不喜欢别人来神化自己。于是，我知道问一个长者一些什么样的问题就等于是在"瘸子面前跛着走"一样令人生厌，或者是表达那种夸张的崇拜基本上也就等于把对方架起来，让对方无法正常说话，只能装出哲学家的样子来满足这种期待。

我很顺利地完成采访工作后，对方表扬我很老练，是个工作老手。其实，那是我第一次采访。可是，老练却不是一天练成的。

当我们懂得把身边一切可以聊天的资源用起来的时候，就会发现，谁都会给我们带来不同的经验和惊喜。

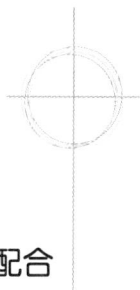

## 浓墨重彩与轻描淡写打配合

聊天能够解决的事情超出我们的想象，很多从事视觉表达的设计师看似在拼作品，其实也是在拼他们是否具有高情商的聊天能力。在该说话的时候浓墨重彩，在该少说的时候轻描淡写，这会让一个人和他的作品都有了独特的风采。

举个例子来说，现在大家比拼赚钱的能力，应该与以往不同。现在，人们在乎的是单位时间内的收入情况，而不是整体收入情况，这是很多人迷恋自由职业的原因。

比如，一份工作需要你连续一个月加班，收入是一万元，但另一份工作，一个月只需要工作一天，收入也是一万元，而后者就可以有更多的时间去旅行、读书，去提升自己。那么，后者的优势就变得非常明显。

假设你是一个设计师、摄影师、画家，你就必须走上单位时间创造更多财富这条道路。这样，你才能有时间进一步提升自己。

这就要求别人邀请你合作的时候，你必须会聊。如果你的情商足够高，就能让一个月薪一万元的人对你的日薪一万元毫不反感。

一个情商不高的人，可能就会把自己高价位的合理性给"说"砸了，比如："我就是这么高的价格，你有钱就合作，没钱就算了。"

我们来看看高情商的人士是怎么聊这件事的。印度有位导演塔森，他工作的报价非常高，但是他很会聊天。他用这样一段话震撼了众人，让人心悦诚服的同时，更加期待和他的合作。他说："你出了一个价格，不只是买到了我的导演能力及来替你工作的这段时间，还买到了我过去所有生活精华的结晶：我喝过的每一口酒、品过的每一杯咖啡、吃过的每一餐美食、看过的每一本书、坐过的每一把椅子、谈过的每一次恋爱、眼里看到过的美丽女子和风景、去过的每一个地方……你买的是我全部生命的精华，并将其化成30秒的广告，怎么会不贵？"

他用这么一段含义丰富、浓墨重彩的表述，成功地表达了和"有钱就合作，没钱就算了"一样的意思。

这也让我想到了另一个故事。有一个汽车公司的一台电机出了问题，大家都束手无策，他们便邀请了一位专家来帮忙解决问题。此人用笔在电机外壳上画了一条线，告诉工作人员应该如何操作。

他索要的维修费是1万美元。这家汽车公司的人都震惊了，因为在当时的条件下，这位专家索要的费用等于一个普通职员几十年的收入总和。这位专家不但是一个技术高手，还是一个自我宣传的高手。他表示：画一条线，1美元；知道在哪儿画线，9999美元。

据说，这家汽车公司的老板知晓了专家的这个回答之后，不仅立即支付了1万美元，还重金聘用了这位专家。

一个人在说话的时候，怎样才能达到与众不同的征服效果，的确需要非常巧妙的策略。

有一位从事家装设计很多年的老朋友，就是因为不懂说话的策略，不能将滔滔不绝与惜字如金运用自如，最终无法提高他单位时间的收入！

有一次，我提醒他，该说的时候就要浓墨重彩地说，该轻描淡写的时候就不要太啰唆。

他问："什么时候该浓墨重彩，什么时候该轻描淡写？"

我给他举了个例子。他在给客户介绍他的方案的时候，总是把客户的水平看得很高，以为就靠他的几张图，客户就能看明白。这是完全不对的，要把客户当作完全不在状态的"小白"，进行耐心讲解。但是，方案以外，客户闲聊家常的时候，就要适当少说，保持微笑就好，不要表现得太八卦，冲淡自己的专业气质。

就是这个小小的改变，使他整个人的气质提升了不少。而大家知道，你的实力很重要，别人是否感觉你很有实力也很重要。

我还提醒他，浓墨重彩地强调自己要说的事情，并不一定是时间上的无节制。一个王牌设计师应该有的风范是，自己花一个月的时间苦思冥想，精心设计出方案，然后在一小时之内全部介绍完。当对方发出赞叹之声的时候，你更要低调，少聊自己付出的艰辛和努力，多用成果展示自己，这样别人更会觉得你有实力！

后来，这位设计师朋友慢慢感觉到他工作中所面对的有些事情开始发生变化了。


我有一个年轻的同事，他深谙此道。

有一次，我有点好奇年轻人对当下电影产业的看法，以及他们的真正喜好。坐电梯的时候，我遇到了这位同事，我知道他刚研究生毕业就参加了工作，于是顺口问了一句他是如何看待美剧和国产剧的。

他当时不但谈了他的想法，还告诉了我与他的不同，以及他了解的其他年轻人的观影喜好。我一向非常偏爱说话有条理的人，他当时说的三点虽然没有突破我的思维边界，但是我觉得这个同事知识面很广，也很会表达。虽然只是短暂的交谈，但他给我留下了不错的印象。

更值得称赞的是，电梯间"轻描淡写"的谈话结束了，这件事情却并没有结束。不到 3 天的时间，他就给我发了一封 3000 字的邮件，详细地介绍了他了解到的年轻人是如何选择去看一部电影的，还分析了很多有意思的现象，并适当地做了总结。比如，在他看来，"80后""90后""00后"选择的不同，很重要的一个原因是从走心直接跨入了视觉征服的特点。

他的这份细致和努力思考，让我在工作中愿意给他更多发挥自我的机会。

第二章

# 让熟悉变信任：
# 以意想不到的角度“聊”出关系

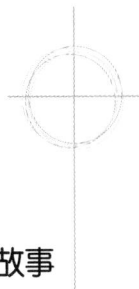

## 让你和我之间发生故事

很多人之间的关系总是停留在熟悉这个阶段，似乎总是不能往前推进，成为很好的朋友。有时候是因为这两个人在价值观上存在着巨大的差别，落差太大的水面无法保持平静，但更多情况下，是有太多人的确不太会聊天。

下面大家来感受以下几种回应：

小李把自己的全家福给三位同事看，并介绍了自己家人的情况。

小陈看完照片后，说：

"你弟弟怎么长得比你还老？"

小孙看完照片后，说：

"你长得真年轻，比你弟弟看起来都年轻。"

小王看完照片后，说：

"平常我就觉得你状态特别好，我猜肯定是你的家族基因好。现在看来，果然如此，你家人都很有青春活力呀！不过，你比你弟弟显得还年轻，你是怎么做到的？"

在这三种回应中，小陈的回应很糟糕的原因是，他本来想赞美对方年轻，却选择了一个负面的方向，贬低了小李和小李的家人。这样的回应必然导致二人关系的疏远。

小孙的回应是很常用的一种赞美，也就是在一种比较中突出自己要表达的重点。但是，这个比较并不是特别妥帖，原因是没有拿对方和自己比较，而是在对方的家人中做评判，所以有可能引起不同听话者的不同反应。

小王的回应会拉近两个人之间的关系，他的话听起来既简单又自然，其中用到的聊天原理却很巧妙，也的确是高情商的人才能够自然运用的聊天术，他表达和释放的善意最多又最妥帖。

首先，他表示自己一直在关注小李。虽然小李是普通人，但是没有人不希望自己被关注、被在乎、被人崇拜，所以小王的切入点就很高明。其次，他看的是对方的全家福，所以需要从整体表扬对方的家人。况且，对很多人来说，表扬他的家人比表扬他本人更会让他高兴。最后，他以提问的方式对对方进行了最高级的赞美，让自己和小李之间发生了联结。接下来，小李俨然就成了小王的老师，还能促成两个人继续深聊不中断。

如此，一环扣一环，衔接自然又不做作。

在生活中，我们常常会欣赏很多人，但是一味地增进自己和对方的关系，有时候会换来对方的抗拒。不过，如果我们能够在恰当的时候把内心的友好展示出来，增加和对方接触的机会，我们的聊天就会有更好的效果。

我们再举个例子。

你给小李打电话，小李说："我今天又要加班。"

初级回应："你真倒霉。"或者说："你努力工作，将来会有回报。"

升级回应："那我不打扰你了，你赶快工作吧。"

高级回应："我也不喜欢加班，但是如果我能和你一起加班，累的时候一起聊聊天，我就觉得加班也是一种享受了。"

在这三种回应里，我们可以总结一下三种聊天的关键点。

初级回应的糟糕之处是冰冷地说道理，"你真倒霉"本意是为了迎合对方的情绪，但达到的效果却太负面，这样的负面语言会给对方带去更糟糕的感觉。"你努力工作，将来会有回报"是一种居高临下、妄下评判的态度，也给对方带去排斥的感觉。

升级回应的优点是能够关注对方当下的状态，表现了说话者是一个"怕给别人添麻烦"的人，但缺点是聊天的态度偏于保守，对两个人的关系没有推动。

高级回应的特点是，利用了对方的话题，制造了两个人之间一个有画面感的故事。故事是假设的，感情却是真的。那就是如果做一件讨厌的事，我身边有一个愿意待在一起的朋友，那么痛苦就会减半。

这种方法我们可以触类旁通。比如，你和对方聊天的时候，你想表达自己的喜悦，你会说："今天真是玩得太开心了。"如果后面能再加一句和对方的关系，你的话给对方带来的感受就会很不同，这句话就变成："今天真是玩得太开心了，如果你在就更好了。"

不但在我们日常的聊天中如此，在一些重要的合作中，我们表达对对方公司的关注也可以使用这种方法。你要记住对方的得意之作和对方比较在意的话题，在聊天的时候，适当地运用这些话题。

让我们在下面这则对话里，感受两个人之间的情绪流动。

小王："你在干吗呢？"

小李："我在设计一个产品的促销活动，想一个好点子太难了。"

小王："你可以借鉴一下其他商家是怎么做的。"

小李："我还真发现你们公司有一款产品的活动做得非常好，三个阶段的推广都很给力。这个产品策划的内情，你能指点我一下吗？"

小王："我们公司这方面是挺有优势的，要不我约一个同事，你们一起聊聊，看看能不能互相借鉴一下行业经验？"

小李："太好了！再大的困难，只要有你帮我，感觉已经胜利一半了。"

这段聊天在我们看起来也许有些轻松、平常，但实际上，这段聊天能迅速拉近两个人的关系，并促使两个人成为统一战线的战友，并不是我们可以很随便就能做到的。这段对话完成下来，靠的是两个朋友间的高情商。他们对对方的每一句话都专心倾听，他们的每一个回应，都是对对方语言全情投入之后恰到好处的反馈。

## 恰到好处的自我加分

人和人之间要想建立起可靠的关系，需要恰到好处的自我加分。有的年轻人会觉得提个人的头衔很俗，但现实中，我们遇到的人基本都是普通的人，当你初次去见一个人的时候，对方无法快速了解你的价值，如果你有一些具备优势的职位，此时自然地提起，还是会为自己加分的。只是在这个过程中要自然地表达，多考虑对方的感受。

大学生小王和小张都很优秀，学校有个活动，需要邀请社会名人李老师。两个人分别给李老师发去邀请函。

小王是这样写的：李老师，您好！我是××大学的学生会主席，我们想邀请您来参加我们读书节的活动。我们学校是国内重点的 985 院校，这次活动会有不少于 100 人参加。您如果来我们学校演讲，不但能够扩大您的影响力，还能推广您的新书。这次活动是免费的，但是我们会组织得很好。等待您的消息。

小张是这样写的：李老师，您好！三年前，我第一次看了您的书，被您的观念所影响。这三年来，我的生活变得积极和主动，和老师、同学的关系也越来越亲密，我现在已经是××大学的学生会副主席。您为我带来的改变让我一生受益，我一直想有机会当面对您说一声"谢谢"。这个机会终于来了，我们学校有一个读书文化节，同学们怀着热情邀请您来！我们不但有专业的组织能力，还有诚挚的热情。等待您的消息。

这两封邀请函一对比，我就会感受到明显的不同。

首先，小王的邀请中流露着一种自恋，而非照顾到李老师的感受。他介绍自己的学校，完全没有必要提到985，因为已经有足够知名度的加分项。你越淡淡地提，你在对方心中的分量反而越重。

其次，对一个在社会上已经有所建树的人来说，直接地表达"我这么做能扩大你的影响力"，基本上是对对方影响力的否定，李老师内心还有可能会起逆反心理。

最后，当一个邀请发出的时候，最好不要提"费用问题"，因为人和人之间的关系，第一步一定是引起好感，而后才能达成自己的目的。如果好感还没有建立，就只想着达到自己的目的，就是本末倒置。

小张的邀请从三个层面做得很到位。

首先，小张从李老师熟悉的话题入手。而且，不论一个名人在物质上多么富有，他依然期待自己被认可，尤其对李老师而言，他的书就是个人思想的完整呈现。

其次，小张的重要信息都毫无遗漏。他的名校背景，他自己的头衔，他现在和老师、同学相处的状态，这些都为他的邀请加分。尤其值得指出的是，他和小王的区别在于，小张虽然只是学生会副主席，但是他给李老师的心理感觉是不同的。他让李老师感觉到他的背后其实是有一大批人，而小王只是交代了自己的头衔，无法让人理解他背后的力量。

最后，小张简短的邀请已经给李老师提供了一个参考案例和故事。读完小张的信，李老师的内心一定会有满满的成就感。一个人感觉好的时候，是心态最为开放的时候，他一定愿意更多地了解小张，并愿意多花一点时间和耐心去了解自己怎么做能帮助到小张。

在生活中，我们每个人都有自己的优势，只是需要提炼和运用。


当你懂得怎样为自己加分的时候，你就在为自己的公司、领导和朋友巧妙地加分。

陈总是一位很有分量的企业家，第一次见面时，我就觉得他的助理不俗。

因为我们互相介绍的时候，他的助理说："我是陈总的助理，我有幸跟随在陈总身边工作已经10年了。"

一个"有幸"就展示了他对陈总的崇拜，一个"10年"就展示了自己的实力和陈总的用人有道。

果然，在后来的接触中，我发现，这位助理在喝醉的时候都能让自己的"醉话"发挥大作用。

　　那是一次放松的聚会，我们都说不提工作，只为品尝陈总收藏的好酒。酒香醇厚，果然，我们几个人都有点醉了，大家都开始聊生活的话题和个人情况。这位助理是这么说的："我最尊敬的两个人，一个是我的父亲，一个就是陈总。在我们企业没有资金，需要救命钱的时候，我看到了在那么难的时刻，陈总没有一句抱怨，他整个人的豪情令我至今都很震撼。我的父亲是个普通人，他在一个很容易出现失误的岗位上工作了半生。一直到退休，他都从来没有出过一次差错。大家常说我工作很拼，但是和我的父亲比起来，我觉得自己还应该更加努力。"

　　这段话拉近了他和我们的关系，又提高了他的领导和他本人在我们心中的"段位"，尤其是在这样一个氛围中，真是恰到好处！

　　自我加分的难点在于自然，对销售人士来说更是如此。你不能过分夸耀自己，也不能生硬地让对方听自己吹牛。所以，我给销售人士在话术上推荐一种自然加分的方法，那就是从对方过渡到自己，从无意中流露出有用的信息，借助权威人士增加自己的权威感。

　　比如，你可以对新来的客户说："您穿的衣服是 × × 牌子吧？这个牌子的老板，以前在我这里成交了一套别墅。"这么简简单单的一句话，就顺利地给自己找来了强有力的背书。

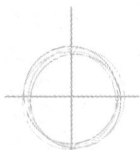

## 用讨论代替否定

我们和别人聊天的时候，顺应对方的谈话能够得到对方的认同，而有时候，当我们的确和别人的观点不一致时，其实没有必要完全依从对方的看法。

这其实是一种说话的态度，有的人总是说别人喜欢听的话，没有自己的底线和原则。这样看似赢得了很多朋友，却牺牲了很多自我表达的自由。例如，不敢否定对方，不能说出不同的观点。这种状态其实比"内向型人格"都危险，它能从根本上伤害一个人的社会心理。毕竟，语言的状态代表一个人的内心状态，想语言自由，就要先内心自由。我们要想办法如实地表达自己，又不开罪对方。

我们要有平和的心态，倾听别人和反馈别人。

例如，有人说："我觉得现在的保健品都是骗钱的！"

对方说："你这么说，证明你根本就不懂保健品。"

两个人"绝对否定"的说话态度，容易引起双方对彼此展开人身攻击。

这种情况下，你如果用一种讨论的态度来打开局面，情况就会好很多。

例如，有人说："我觉得现在的保健品都是骗钱的！"

你说："也不全是，有的人身体状况不是特别好，保健品能起到一定的辅助作用。"这么说话的好处是用讨论来代替你直接说"不"，从而进入开放的聊天环境。

在生活中，讨论的态度至关重要。首先练习把说话的速度放慢，这样有助于进入情境。

很多人聊天时接话特别快，本质上不是"口无遮拦，说话不过脑子"，而是他们太期待得到别人的认可，从而导致回应过快。例如，别人说："我的领导太差劲了。"他们会迅速回应："的确太差劲了。"

这种怕冷场的性格会带来一时的好人缘，却不能得到别人真正的信任和尊重。

有的人爱吐槽，如果你跟着一起吐槽，你的格调也高不到哪里去。但是，如果你能够提供给对方另一种视角，对方就会对你刮目相看。

你的朋友向你吐槽，他说："我的领导总是给我安排一些我做不了的工作，真是让我太苦恼了。"

如果你跟着说："他做得太不对了！这简直就是在整你。"

或者你说："你要懂得感恩，这证明领导看得起你。"

这两种回应都不是很好的聊天态度，第一种方式会让你的朋友显得特别可怜，第二种方式会引起朋友的愤怒。

但是，如果你慢一点儿说话、慢一点儿回应，把话题延展一下，问："他安排的什么工作，你感觉自己的能力驾驭不了呢？"

朋友说："公司来了三个实习生，他让我教他们做业务。"

你说："噢，看来你的领导认为你的能力很强，我们也觉得你有领导能力。当然，一次性带三个实习生是有点多。"

此时，朋友肯定不会说："我根本就没有领导能力。"他可能会重新看待这件事情。

如果你再引导对方："可以让三个人互相搭配一下。例如，你看他们三个人的优势是什么，让他们互相提高一下。"

或者你说："噢，看来你的领导认为你的能力很强，我们也觉得你有领导能力。当然，一次性带三个实习生是有点多。你看怎么做能解决这个问题呢？"

此时，你的朋友可能自己就会积极地想办法，和你共同讨论。


另外，把是非题变成选择题。

有个小故事，说的是两家酒吧，同样的经营模式，一家后来倒闭了，另一家的生意却非常好。大家都很奇怪，想知道原因。倒闭的那家酒吧，任何一个客人进来的时候，营业员都会问："您加不加鸡蛋在啤酒里？"80%的人选择不加，结果这家酒吧失去了80%的生意。

生意好的这一家，营业员会问客人："您是加一个鸡蛋，还是加两个鸡蛋？"结果，它的营业额翻倍增长。

当我们要否定别人的观点时，如果也能够用这样的态度，那么给对方一定的选择权就等于给自己留下了余地。

例如，对方说："这款按摩仪不好用，我要退货。"

如果你说："不行，就是不能给你退。"对方一定会坚决要求退货，因为他会更加觉得自己上当受骗了。

对方说："这款按摩仪不好用，我要退货。"

但如果你说："可以给您退货，也可以给您换一款更适合您的。因为我觉得您已经用过这一款了，如果能告诉我是哪里不好用，我就能给您推荐更适合您的，这样就没有浪费掉您试错的成本了。"对方至少会认为你是站在他的角度思考问题，因而更容易接受你说的话。


我们在这里提到的用讨论代替否定，从表面上看是一种说话的方式，其实也代表着一种看问题的态度，这需要一个人内心有非常开放的心态。在面对客户和领导的时候，我们应该用这种方式来保持自我良好的形象。在面对家人或者面对比自己弱小的人的时候，我们同样应该保持这样的态度。

给大家举个例子：有个爸爸看见自己的两个孩子在争吵，争着要一个鸡蛋。爸爸的方法可以是迅速把一个鸡蛋分成两部分，一个人一半，求得快速解决问题。

但实际上，爸爸完全可以询问两个孩子为什么争吵，想要什么。

于是，大家意想不到的答案出现了：两个孩子都想吃鸡蛋，但是其中一个想吃鸡蛋黄，另一个想吃鸡蛋清。

于是，这位爸爸就在问题的讨论过程中有了新的判断和新的做法，这也是讨论的结果。

再给大家举个例子。一个孩子问他的爸爸："我到底是从哪儿来的？"

这位父亲有点不耐烦，也觉得无法对孩子解释这个问题，于是他说："小孩子别问那么多。"

这样否定的回答是一种粗暴的终止谈话的方式。如果面对客户，客户会跑，可是面对的是孩子，孩子不会跑。但是，孩子会受到伤害。

如果这位父亲持着讨论的态度，随口问一句："你怎么会突然问这个问题？"

孩子的回答可能会让人大吃一惊，孩子说："今天在学校，老师介绍新同学的时候，说这位新同学是从四川来的，我就想知道我是从哪里来的。"

由此可以看出，不论对待谁，讨论的态度都有可能给你带来不同的答案。只有当我们从自己身边最不必顾及感受的人开始，顾及他们的感受，诚实、宽厚地与之交流，我们才有可能在面对客户、面对同事、面对这个社会的时候，同样有这样一种开放讨论的、好的语言习惯。

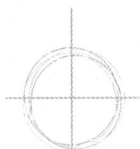

## 让你的话与人自然联结

人与人之间的距离很奇妙，有的人永远也不能和别人的关系更进一步，有的人却能在偶然中用短短几句话就和他人产生强烈的关联。

那么，其中的关键点是什么？我认为最关键的是，你与对方的谈话是否有着很强的目的性。当对方感受到你的目的性时，无论你的话说得多漂亮、多好听，对方都会心生排斥。反之，如果你能够用语言和对方建立起一种自然的、无功利性的联结，哪怕只有短短几句话，对方也会感觉非常温暖。

那么，我们究竟该如何说呢？

第一种情况是，当我们存在着一种"弱功利"时，要考虑对方的感受。

小丁是一名留学生，初到国外的她很依赖自己的同胞。于是，她找到小王，开始聊天。她说："初来乍到，我很不适应，希望你能照应我。"没想到，她说完这句话，小王就和她疏远了。

这样的说话方式有很大的弊端，就是没有考虑对方的感受。

一方面是对对方的索取态度。小丁的本意是示好。也就是说，她还是存在一种心理需求的，这样的表达就要充分考虑：我们面对的对象是谁，我们和对方是什么样的关系，我们说完话之后的效果会怎样。当小丁面对小王的时候，她没有注意的是，小王和自己虽然是同胞，但是两个人一点儿都不熟悉。第一句话应该关心的是对方的需求，或者通过寒暄给对方带来情绪价值，而不是直接用索取的态度要求对方。

另一方面是不积极的人生态度。小丁本意是想靠近对方，却以自己想当然的态度"想象"了对方。她把自己和对方都置于一个"不适应"的可怜境地，间接地也伤害了对方。这种不积极的态度并不能促使彼此的关系更近，反而将对方推远了。

小王作为一名留学生，她是如何和另一名留学生小李增进感情的呢？

小王找小李聊天，说："我今天外出的时候，看到了当地的一个风俗，挺有意思的。后来问了一下同学，他们说很多中国人都不懂，那是当地人表达善意的一种方式。所以，我一回来就想和你分享一下……"

小李非常感谢小王，两个人的关系越来越近了。

在这段对话中，不论小王口中讲的事情是否有趣，她所表达出来的善意和亲近，会迅速给小李提供一种很高的情绪价值。小李是被重视的，还是被小王走心重视的。

第二种情况是，我们的确存在着"强烈功利心"的情况，所以我们要给对方一个理由。

老陈需要联系老张，帮自己的一个朋友打听一下能否进老张的公司工作。

老张开了一家公司，经营得风生水起。所以，老陈一打电话，老张就很直接地问道："什么事，你就放心直说吧！"

老陈听完就直说了。说完之后，老张就答应了老陈，说可以安排，但是他的安排是把公司人力资源部负责人的联系方式给了老陈，让老陈自己联系。后来，老陈的这个朋友是按照正常的公司制度去面试的，结果没有通过面试，此事不了了之。

老陈再打电话给老张的时候，老张就巧妙地把这件事情推开了。

在这个对话中，老张提醒老陈"有事直说"。这种态度，可能是因为老张经常接到别人"求办事"的电话所形成的条件反射。但有一点是毋庸置疑的，老张因为生意做得好，所以他对自己的"能量"是敏感的，他知道别人来找自己可能存在目的性。

老陈的失误是真的"直说"了，他最应该做的，是先打消老张的防备心。如何说才能建立自然联结，"消解"老张心中的敏感呢？

老陈可以说："没什么事儿，就是昨天看到我们前年一起去旅游的老照片了，觉得那会儿的我们真是体力充沛，所以你看下周什么时候有时间，我们一起故地重游。"

对于这样的电话，老张是没有什么抵触心理的，因为老陈把突然打电话这个行为合理化了。老张在内心是可以自我解释的：对方不是利用我，而是因为感情的联系来找我的。

当自然联结之后，老陈才有下一步让老张关照自己需求的机会。

第三种情况是，我们应该在日常生活中使用自然联结来聊天。

当你对你的同事或者朋友表示赞美的时候，你会发现存在三个级别的聊天。

第一种说法："你的衣服真好看。"

第二种说法："你真有品位。"

第三种说法："我昨天参加了一个名流的聚会。当时来了一个时尚界的知名人士，她以挑剔的眼光和超高的品位给很多明星都建议过造型。我见到她的时候，当时就好佩服你。"

对方问："为什么？"

你回答："因为你前天穿的那件衣服，无论颜色还是款式，都和那位知名人士穿的一样！"

在这三种说法中，第一种说法从表面上看赞美的是衣服，而非对方的选择。

第二种说法赞美了对方，但是由于缺乏情绪的酝酿与细节的铺垫，等于直接给了对方一个很大的评判。所以，即使是优点的评价，也容易让对方感觉你"言重"了。

第三种说法的高明之处在于，没有直接表扬对方的品位，却利用了一个真实发生的故事，让自己的情感与对方联结到了一起。

当你要约对方吃饭的时候，情商的高低也会影响最后的结果。

第一种说法："你这周忙不忙？"

第二种说法："你这周哪天有空，我们一起吃饭吧。"

第三种说法："我发现了一家好的西餐厅，位子不好订，但我知道你爱吃西餐，这个周末我来预订咱俩的位置吧。"

第一种说法是一种很常见的聊天方式，但是在你邀约对方的时候，这种提问方式存在一种弊端。也许提问的人是一个很好、很有礼貌的人，却容易在这个提问中失去机会：现代人有几个敢承认自己不忙的？不忙在很多人眼中就是没有价值。我们姑且不说这种观点是否狭隘，但这就是大部分人脑海中所拥有的认知。对太多人来说，忙是好的，代表有人需要自己，代表自己有价值，代表自己有事业心……所以，你问对方忙不忙，就等于问对方有没有价值。

第二种说法注意到了人们的每个选择都需要一个理由。人们不知道你的目的，是不愿意承认自己有时间的。比如，当你问对方忙不忙的时候，即使对方的确百无聊赖，他也希望知道你的目的是什么，因为对很多人来说，他有没有时间取决于你给他的建议是否值得他花时间。第二种说法的好处是把自己的邀约提了出来。

第三种说法的好处是，深刻地理解了人与人之间关系的本质。如果你能让对方获得利益，对方就会愿意给你时间。第三种说法就是既表达了日常中对对方的关注，又恰当地给对方提供了利益，消除了对方的抵抗，提高了自己邀约成功的可能性。


当你和你的同事打招呼的时候，一句简短的"你好"，也会产生不同的聊天情境。

第一种说法："你好，你今天来得真早哇！"

第二种说法："早！今天天气真冷。"

第三种说法："今天真够冷的，我有楼下热饮店的会员卡，你要不要来杯热饮？"

第一种说法的缺点：主观陈述事实，没有关注对方的感受。第二种说法能够引起对方的互动，让对方可以参与话题。第三种说法的优势：表达关心，释放善意，让对方感受到你的温暖。

## 三招攻克"我很忙"

听到别人说"我很忙"的时候,我们会有一种被拒绝的感觉。这种感觉是否会给你带来负面情绪,取决于你怎样假设对方的立场。

十几年前,当我去采访别人的时候,遇到有人说"我很忙",我一定会认为对方是在敷衍我,并揣测对方认为我是一个刚毕业的大学生,人微言轻,才如此拒绝我。而现在,我不常听到这样的话,我意识到是我的能量提高了,工作水平也提高了,才让别人说"不"的时刻变少了。

当年,别人是不是真的因为我刚大学毕业才不给我机会,那是一个未知的问题。但是,现在我更愿意相信,是因为当初的自己没有给别人聊出足够多的价值,对方只好用"我很忙"作为一个善意的借口,避免和我产生矛盾。

不同的境遇,我们会听到不同的人以"我很忙"为借口来拒绝我们。针对如下三种不同的情况,我们应该聊的内容也有所不同。

第一种情况，对方此刻真的很忙。他虽然知道你的建议的重要性，但是因为你所提到的事情并非当下急迫要完成的任务，所以对方有可能用"我很忙"来拖延。

比如，你向对方提到购买净水器的重要性，对方也已经把你的产品列入他备选的品牌之一，但你需要花一些时间，现场给他演示你所销售的净水器的作用，他才能最终决定是否购买。他无法马上给你这个展示的时间，他会说"我很忙"。

又如，你向对方提到一个合作方案，这对他的长远目标来说是有好处的，也符合他做事的理念，并且对他的企业或者他的个人品牌也是有推动的，但是你现在给不了他价值。比如，你邀请他参加一个公益活动，但是他现在手头事情很多而且能让他的价值快速变现。他一时不想拒绝你，但也不想答应你。

以上提到的情况，你应该礼貌、客气地"紧追不舍"。

要知道每个人都不可能单独为你准备时间，但是你的诚意和态度会为你争取到更多的时间。

你可以先说："这一个月内，我曾经帮助 32 个客户购买了这套设备。"这样会为对方营造一点儿要急于敲定一件事情的紧迫感，也给对方的购买行为带来一种安全感。

然后，你再接着说："我看您现在很忙，就不打扰您了，我下次再来拜访您。您看您是今天下午 5 点方便还是明天上午有时间呢？"

当你给了对方一个诱导性的选择时，对方可能就会顺着你的话，给你一个机会。而且，你表明下次还要再来的决心，也会推动对方给你一次机会。

第二种情况，对方的忙是一种常态，你也没有明确要和对方商讨的事情和目的，你只是想和对方增进感情。

增进感情在我们的生活中其实很有必要。当对方总说"我很忙"的时候，如果你自己认可了对方的忙，并听之任之，那么两个人就会在彼此心中渐行渐远。最后，两个人都不会再给对方时间和机会，甚至连对方的名字都想不起来了。

无论是与客户的感情、家人的感情、伴侣的感情，还是与同事的感情，都是需要维护和经营的，只是我们需要把对方的时间"聊"出来。

当你邀请对方陪陪你的时候，你如果说："我希望你能陪陪我。"或者说："我希望和你一起吃个饭。"抑或是那种逼迫性的指责："我难道不值得你花时间来陪伴吗？"这些都是情商不高，也难以令对方配合的话术。

虽然我们要做的事情是邀约对方，但是"我希望你对我好"不如"我希望你好"，或者说"我想干什么"，不如建议"你可以做什么"，令对方更感兴趣。比如，你可以说："我知道你最近的工作很忙，我以前加班的日子也很辛苦，所以我能理解你。但是，你真的需要把身体照顾好，尤其是在这么大的工作强度下。你看我办了一张卡，改天，我陪你去运动运动吧。"

如果是这样，你就制造了见面的机会，把你的需求转化成对方可能存在的需求，让人更容易接受。

第三种情况，你只是给对方呈现事情，却没有把高价值呈现出来。

尤其在一些重要的合作上，当你邀约对方的时候，对方由于个人的涵养，不会直接说"你说的话太无趣了，我实在不想听"，或者说"你给我发的商业计划书又空洞又无趣，我一点儿想参与的感觉都没有"，也不太可能直接要求"你一直来邀请我参加活动，你怎么就是不告诉我，出席这次活动有没有资金支持"。毕竟，直接批评和帮助你成长，是你的领导和老板才愿意做的事。

这种情况下，对方如果说"我很忙"，你就没必要再死缠烂打地天天问对方"那你哪天有空"了。

你最应该做的是，以别的方式来寻找机会。例如，多角度衡量你的要求为对方带来的好处有哪些，思考对方的处境，分析对方现在的迫切需求是什么。

尤其是一开始对方和你聊得还不错，后来突然对你冷淡了，有可能是你发过去的商业计划书完全不能吸引对方。

此时，你就应该展现自己的专业性，寻找合适的机会，让对方意识到你的价值。比如，当你约对方参加活动的时候，你总说"我们热切地盼望您来"，不如尝试着转换思路，从以下三方面进行助攻：第一，以前某位大咖来参加过这个活动，这是很直观地让对方了解此次活动的层次的一个方法；第二，有某些品牌商会进行赞助，进行视频等各种方式的直播，扩大影响力；第三，听众是大学生，大学生虽然现在还没有成为社会的中坚力量，但是他们是有可能在未来影响世界的人，对方来参加这个活动，参与的是改变世界的活动。这样，从各种利益的层面帮对方做出决定。

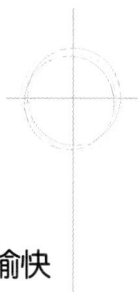

## 把不愉快的聊天聊愉快

我们都喜欢和有趣、有料的人聊天，如果遇不到这么有趣的人，那么就让自己成为一个有趣、有料的人吧。尤其遇到特别无趣的聊天时，我们可以用优雅的方式应对对方不优雅的话语。

有人听到这个观点的时候，内心会有所抵触，因为大部分情况下，人们觉得"别人怎么对自己，自己就怎么对别人"才是公平的。可是，我想提醒的是：别人的话语到底是什么意思，要看自己怎么解读；别人的情绪是否隐含敌意，要看我们自己愿意把事情演变到什么程度。比如一句话、一个动作、一个眼神，你觉得对方是好奇、是无意识的、是习惯性动作而已，还是解读为是冒犯、是挑衅、是只针对你的行为？

有这样一个社会新闻，大意是两个人因为"在人群中多看了你一眼"，双方就"你瞅啥"和"瞅你咋地"开战，最后升级为双方都叫人来帮忙的群体斗殴，造成了很严重的后果。

有的伤害和误会是完全可以在开口说的三句话内就化解掉的。而且，在聊天这件事上，让对方愉快就是让自己愉快。

有一次，有个销售人员很苦恼地跟我说，他觉得自己工作很努力，总是很积极主动，但是他的潜在客户就是对他很冷淡。有一次，客户对他说了一句话，让他对自己和自己的行业都产生了深度怀疑，客户说的原话是："我再也不想看到你了。"

我告诉他，可以从三个角度来理解。第一，对方拒绝的是你的产品，而不是你这个人，所以不必感觉人格受伤。第二，对方撂了狠话，只是为了试探你的反应。如果你再也不去见对方，恰恰证明你对自己的产品缺乏自信。而且，很多人撂了狠话之后，会有一定的内疚和补偿心理。你们下次再见面的时候，也许事情会有转机。第三，再次见面的时候，可以根据对方的性格，选择不同的话语应对。

对方的态度很放松，提起："我不是和你说了，再也不想见到你了吗？"

你可以笑笑说："我记得您对我说过的一切话，只有这句我忘了。"

这个说法能够缓解气氛的尴尬，而且表明你是个重视客户又不记仇的人。

如果对方不喜欢开玩笑，还是板着脸说："我不是和你说了，再也不想见到你了吗？"

你可以真诚地盯着对方的眼睛说："您之所以那么说，是因为我之前太频繁地打扰您，让您感觉不舒服了。所以，这次我隔了一个星期才又来拜访您。"

这个说法也是不提对方的错误，以免对方"破罐子破摔"。从自己身上找原因，并分析出对方的狠话是两个人互相作用的结果，把对方引导到一个正面的形象上。

如果对方想观察你的反应态度，说："我不是和你说了，再也不想见到你了吗？"

你可以走心地说："我为您这句话，也曾经困惑和反思过，我不希望给您带来这么大的困扰。我也反思我自己，我的产品到底是不是您所需要的。我想了好几天，觉得这个产品真的会为您加分，而不是减分。我认为自己应该做一个对客户负责的人，所以我又来了。"

这个说法的特点是一种很隐蔽的批评，不是指责对方犯错，而是用自己的苦恼引发对方的内疚，并且用一种情怀和正直的工作态度去表明立场，从而感动对方。

这个案例中最关键的是，无论你选择什么样的态度来回应和面对对方，前提都是你不能把对方想象成一个和你完全对立的、冷血无情的恶人。否则，你除了和对方吵架，任何话语都不能掩饰你的愤怒。

之所以在这个聊天的环节上有所感悟，和我早年的一次重要的业务合作有关。那段时间，我想和一个对我很重要的人谈合作。我给他发了很多信息，他都没有回复。

当时，这个合作对我太重要了，但是我面临的这个合作对象总是国内国外地跑。他总是太忙，当时的交通没有现在这么发达，上门拜访也是不现实的。当时也没有微信，我不能通过朋友圈来发现其他和他相关的人。也就是说，我也找不到其他能帮助我的人。

我当时所能依靠的只有发短信。

那时候拼的不是坚持，而是坚持的心态。

如果我把对方想象成一个高傲的人，我每天发的短信就会成为自我折磨，也会在每天的问候中感受到自己的勉强，而这种勉强同样会影响我对他的热情。但是，当时我全靠自己的想象，把对方想象成一个善良的人。他矛盾又纠结：一方面，他想答应我的建议，另一方面，他又不了解我的具体情况；一方面，他看到了我的信息很受触动，另一方面，他因为长时间没有回应，不知道第一句话该如何回应……

就这样，我首先认定对方是一个好人。然后，我告诉自己：这个合作谈成了，对我是突破；谈不成，我也没有什么损失。

果然，像我以前总结的那句话"没有人可以连续拒绝你七次"。对方既没有让我等上一个月，也没有不了了之，第八次发送信息后，他迅速地回复了一条信息："我们可以当面谈谈这件事情吗？"

以上分析的都是我们能够把不愉快的聊天聊愉快的心理基础。当你正面思考对方的时候，你就会发现，聊天就像跳舞，本来就是有进有退、求同存异的。如果对方说的一些令你不舒服的话，你都可以解读成对方是无心之过，你就会发现自己是一个有趣的人，居然能够想到那么多巧妙的回应，让两个人的聊天变成一种有趣的舞蹈。

具体分三种情况来应对那些令人不舒服的聊天。

第一种情况，对方就是一时失言。

这种情况下，不一定要说点什么，你可以一笑了之。

有一位很有名的主持人，曾经讲过他的一次尴尬遭遇。他见到一位女性朋友和她男朋友在餐厅吃饭，便问了对方一句："你和你爸爸一起来吃饭？"对方说："这是我的男朋友。"

他当时自知失言，感觉只能夺门而逃。其实，对他这位女性朋友来说，她是能够感受到对方说错话的时候，是有懊悔、自责情绪的。一个高情商的人不会因为对方的这种误会，就让自己陷入苦恼或者就此大吵一架的境地。

此时，她若以一个淡淡的微笑回应，就是面对这种情况时的一种高情商的态度。

第二种情况，对方的确存在一些与你不同的价值观。比如，对方很爱八卦、很爱批评别人、很小心眼、很孩子气，而他希望你和他在同一阵营。这种情况下的聊天，既不必扭曲自己来适应对方，也不必批评和指责对方，因为这种小缺点上升不到人格层次的批判。

当对方在你面前指责第三人的时候，你要从对方的逻辑中跳脱出来，不必陷入具体的评论中。

当对方说"××的形象真糟糕"，或者说"××的人品真差""××太笨了""××根本就没有品位"等，你都可以友善地提醒对方，比如："你看你已经具有很好的品位了，所以你还是对缺乏审美能力的人嘴下留情吧，因为你有对方所没有拥有的东西。"

如此一来，进行适时的引导和转移，既不会和现场的人起冲突，又能不违背自己内心的厚道。

第三种情况，对方的问题带有一些冒犯性，但是你又不能不回应，你可以用一种轻松的话语来化解。

比如，对方问："你买房子了吗？"

你说："差 10 万元就凑够了，正等着朋友帮忙呢。"

对方多半会自动转移话题。

对方问："你有男朋友吗？"

你说："你是有合适的人想帮我介绍一下吗？"

对方就会"呵呵"了。


再举一个我自己的例子。有一次，在一个公开场合，有人向我提问，他说的第一句话是："张老师，你还记得我吗？"

提问的人是我的一个粉丝，可我当时真的记不清他的情况了。但是因为在公开场合，我如果直接回答"我不记得了"，第一容易让对方没有面子，第二是不知内情的人有可能误以为我是个高冷范儿的大叔。

所以，我笑笑说："你是在考我，看我是不是上岁数了吧？"

话音一落，所有人都在轻松的氛围里笑了。这位粉丝自然也不会再问一遍了，他随即就问了我一个不相关的问题，我也正常回答了。如此，大家很愉快地解决了一个尴尬的问题。

## 不投其所好也能擦出火花

常常听到一些沟通专家讲亲密关系的沟通。他们说："为了让你和你的伴侣之间有共同语言，你不妨在聊天的时候主动去聊对方感兴趣的话题。例如，你可以关注对方喜欢的事情，去学习对方正在学习的事情，这样就可以聊到一起去了。"

从操作层面，我认为这个建议实现起来难度很大。首先，如果对方喜欢的事情是金融、科技、高端医疗美容，你花很短的时间只能掌握一点儿皮毛，就很难找到一个话题切入。当你带着这种生硬开始聊天的时候，对方也会感受到这种生硬和刻意。

其次，你去聊对方最懂的事情，很容易让自己露怯，因为如果你的研究不到位，即使开始的时候对方想和你聊聊，但是聊了几句之后，你就后续乏力，让对方觉得对牛弹琴，索然无味。

最后，我很想表达的一个重点是，在生活中，我们要懂得讲究平衡之道。人是有自我尊重的需求的，当一个人一味地付出而得不到回报的时候，必然会心生怨念。聊天的道理同样如此，当你只聊对方感兴趣，而自己毫无求知欲的话题时，你的内心是委屈的，内心也会有一种要求补偿的心理。如果对方积极响应，符合你的心理期待尚可相安无事，但如果你硬是聊了很多自己以为对方很感兴趣的话题，对方反应却很冷淡，貌似在听你说话，其实完全不走心、不领情、不回应，就一定会引发你们之间的冷暴力，或者加剧你们两个人之间的疏离感。

好的聊天是两个人都能够享受聊天的状态，当一个对足球完全不感兴趣的人为了对方去"硬聊"足球的时候，他一定是矮化了自己的。这种委曲求全产生的不快乐会令他更加丧失自信。

那么，放弃投其所好的思路，我们该如何和对方聊天呢？我们要明白，满足自己的需求和满足对方的需求两者是可以兼顾的。重点在于，我们要有这样的思路和意识。

比如，一位全职主妇，当她的老公下班回家，她无法和对方聊他事业上的话题时，她该说什么呢？她在心态上需要建立自信，不要因为自己是全职主妇而不是职业女性就妄自菲薄，在聊天的话题上她应该知道自己比职业女性更有优势，因为她可以聊老公想知道但还不知道的事情。

当你思考到对方的痛点是什么的时候，你的聊天话题不必刻意投其所好，也能给对方提供他最在乎的信息。当一个父亲在职场打拼的时候，即便他对自己的家庭情况非常关心和在乎，他所掌握的信息也不会太多。比如，他想参与孩子的成长，却苦于没有合适的机会来表现自己；他想了解和确定自己的家庭是否在一个很和谐的状态下运转，却无法靠自己来判断；他想知道自己的家庭中是否存在一些需要他才能克服和解决的困难让他来刷存在感，同样需要他的妻子为他提供机会；他想了解自己辛苦打拼赚来的财富是否得到了很好的理财计划的保障，也无从得知……

一切他想知道而分身乏术无法了解的事情，都是妻子发起的好话题或是增进关系的机会。于是，她聊孩子在学校里的趣事，比硬聊足球给他带来的快乐更多；她聊家庭聚会的安排比硬聊"风投"给他带来的价值更大；她聊家庭成员和朋友们的消息，比硬聊人工智能给他的放松感更多。

那么，一位木讷的男士想让对方和自己关系再进一步的时候，该怎样聊天呢？

我们在下面的一段对话中感受不同的聊天策略。

自杀级说法：

"你今天做什么了？"

"练瑜伽了。"

"瑜伽挺没意思的。"

这个说法的最大问题是负面思维。负面思维最容易让对方排斥和反感，可以说是一句话就断送了一段关系。

初级说法：

"你今天做什么了？"

"练瑜伽了。"

"挺好的。"

这个说法看似不犯错，问题在于只是为了找话题而找话题。结果就是，说完这句话之后还要再找话题。

升级说法：

"你今天做什么了？"

"练瑜伽了。"

"练习瑜伽的乐趣是什么呢？"

"瑜伽和其他运动比，主要是……"

这个说法的好处是能够投入地听对方的意思。在这里，我要补充的一点是，有很多人建议聊天的时候重复对方的话，表示自己在倾听。这种方法在你不知道如何回应的时候，不失为一种必要的手段，但是在真正需要投入的关系里，对方是有一种需要你全情投入聊天的心理需求的。这时，重复关键词的做法略显生硬。如果反复、频繁地使用，还会招致对方的反感。

比如：

"你今天做什么了？"

"练瑜伽了。"

"练瑜伽了？"

"是的，我挺喜欢练瑜伽。"

"挺喜欢？"

"是呀。"

"是吗？"

"是！你到底想说什么？！"

这种重复关键词的做法开始往往很有效，但是在进行几轮话题后，就没有然后了……

高级说法：

"你今天做什么了？"

"练瑜伽了。"

"瑜伽多久练一次比较好？我打篮球，一般一周只能组织一次，你呢？"

"瑜伽和篮球不一样，我们没有场地限制，我一般三天练一次。"

"看来你安排得很规律，你平时生活也挺从容吧？"

"还可以吧，工作不是特别忙。"

"那太好了。要是你明天有时间，我可以邀请你一起吃饭吗？吃饱了有劲儿练瑜伽。"

"呵呵，你真逗，我应该没什么问题吧。"

这种说法的好处在于，认真倾听了对方的每一句话，并且在对方的语言中为自己创造了进一步发展关系的机会。

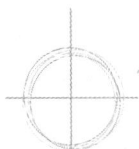

## 真正的制怒之道

人际关系出现矛盾的时候，好的聊天是解开心结的钥匙。只不过，我们要先学会处理对方的情绪。很多时候，不是道理不通，而是感觉不对。

比如，我们常常会听到有些人说："你放心，我就是约你吃饭，绝对不聊工作。"

可结果是，他和对方吃了饭之后，对方心情好了，就会主动帮他解决工作上的问题。

这就是情绪的力量。当我们遇到一个发怒的人时，我们要知道，对方的愤怒就是问题本身。只要他的情绪好了，有的问题不用解决，自然就消失了。

对方情绪的最大问题是他无法从感性的愤怒过渡到理性的思考，而倾听的人要做的第一步就是让自己从理性的思考过渡到感性的理解。

有时候，你会发现，当有人冲你咆哮的时候，你向对方说"你能不能好好说话""我不接受你这样的态度对我"，这样的话是毫无力量的。如同老虎已经冲你跑来了，你非但不躲，还站在原地说："你不可以过来。"

所以，我们要在情感上理解对方已经到了无法理智地和你沟通的地步，毕竟如果对方理智，就会知道无论什么样的事情都会有解决的方法，其实没必要大吼大叫的。

你理解对方的感受后，要做一个缓冲，就是不要和对方直接硬碰硬，可以先做一些事情来避免两个人直接面对矛盾事件。也就是说，先做好聊天前的准备。比如，你说："这么热的天，您先消消气，我先给您倒杯水。"试试看，一杯水放到他手里的时候，他的身体语言瞬间就失去了力量，气势减半，怒气也会因为你的周到服务而减半。然后，让对方坐下来，给他递纸巾。这些小的细节都会减少对方的怒火。

做好聊天准备之后，就不得不面对核心问题了。让我们一起看看核心问题是什么。核心问题永远不是对方嘴里说的各种问题，我们应该牢记：核心问题就是对方的怒气。

聊天的第一句话可以说："能让您这么生气，一定不是一件普通的事情。"

放心，你这样的一句话绝对不会让他把你刚给他的水杯摔碎。

这句话对大部分发火的人都非常有效，事实上，大部分人发火的原因都是很一般的。我听到过各种各样抓狂的理由，有时候理由小到匪夷所思。对看似漫长实则短暂的生命来说，其实没有什么事情大到非得大发雷霆，99% 的情况是当事人的怒气没有被制住，所以火才越烧越大。

一句"能让您这么生气，一定不是一件普通的事情"说出来，就代表对方是一个好人，对方的潜意识里也会开始向扮演好的角色靠近。

接下来，无论你是否引导，事态都会直指矛盾的核心——对方在饱含怒气地发泄情绪。在此处，我要纠正很多朋友的一种做法，就是把无端地承受和忍耐对方的情绪当作制怒的手段，这完全是初级的。当你任由对方发泄的时候，不但是自我矮化，还会前功尽弃。你之前做的所有事情会全部浪费掉，对方会再次偏离你此前诱导他往好的角色上扮演的可能性。对于盛怒中的人，你的"低头认罪"只会纵容对方越说越气。越生气，声调越高，声调越高，就越容易进入二次燃烧，形势就再也不可控制。

初级做法的错误在于，忘记了是对方有问题，对方问题的核心是不能进入理性思考。你要做的是引导他进入理性思考，而不是任由他在感性层面漂移。一句话，你要帮他！

你帮他进入理性思考，可以通过两种方式。如果对方是针对你而发怒，你要立即找出纸和笔来，把对方说的话记录下来，并且表示："我一定要把您说的记下来，然后从中体会和分析真正的问题出在哪里，便于我们以后很好地沟通。"

如果对方是针对别人，你要打开手机，开始录音。你当然不会傻傻地说："我要录音，将来听听你都说了些什么。"而是要说："您说得对，我现在就收集证据，帮您出气。不好意思，因为我不是当事人，所以我需要记录事实，这样我才有为您伸张正义的武器。您能允许我把过程录下来吗？"

这两种手段都是高情商的人所采取的制怒方法。表面上看很简单，实际上却可以瞬间让对方不得不理性地面对事实的真相。于是，你会看到，对方说话的时候开始停顿，开始回忆，开始思考了。更神奇的是，说着说着，有的人居然还开始给对方找理由，因为他知道你在记录。他希望能更加全面地进行自我保护，把将来别人有可能反击他所描述的事实，提前做好预防。

比如，一个女顾客投诉一家精品店的店员。她说："我说你们店里的东西卖得贵，这个店员居然让我去别的地方买。她也许只是一句顺嘴的话，但是我听起来，有点像瞧不起人的意思。顾客说贵的时候，难道不应该帮忙反映顾客的意见吗？……"

当聊到这里的时候，她无论多么不满和生气，都不会要求和这位店员打一架了。最大的危险一定已经解除了。

在这个过程中，千万不要有任何居高临下的指导，也不要分享你的人生感悟。我曾听过一个人在面对另一个人发火的时候，说了一句："一个人发火的本质，是他对自己无能的愤怒。"这一句话差点把房子给烧着！

解决情绪的最大问题是我们不能有效地处理对方的情绪，那些苍白的语言"你别生气""你好好说""我觉得你现在根本不理性"解决不了任何问题。

反之，如果允许对方说，并且认真记录和思考对方所说的话，你随口的几句话就胜似金科玉律。比如，你反问道："当时，对方直接对您说了一句骂人的话，是吗？"或者，你追问细节："您还记得对方当时把烟灰缸抓到了手里，是吗？"

当对方开始和你讨论细节，在你的追问下回忆过程的时候，他不会把你当作情绪的垃圾桶，而是在形式上和你成为统一战线的盟友，似乎你们正在一起为一个棘手的问题想办法。这样的氛围出现的时候，相信我，没有什么问题是难以克服的。

最后，你一定要巩固自己的劳动成果，不要因为危险解除而放松警惕，导致一着不慎，满盘皆输。要知道一个情绪不稳定的人，通过你的有效制怒手段虽然控制住了情绪，但是依然有可能出现倒退的情况。

比如，对方在倾诉完说一句："我刚才大吼大叫发火，你不会生我的气吧？"

如果你说："我刚才被你吓死了，我觉得你真是没必要这么生气。才多大点儿事，你就把自己搞得这么难看！"

那么，这句话把你最初的那一句"能让您这么生气，一定不是一件普通的事情"进行了全盘否定。此时，你只能在再次来临的风暴中体会那句"不作不会死"的格言了。

我在这里推荐给大家一个高情商的聊天方法：

对方说："我刚才大吼大叫发火，你不会生我的气吧？"

你可以先和对方站到统一战线，然后再根据关系，重新组织一下语言。例如，你可以说：

"我也不是一个好脾气的人，只是我对你没脾气。"

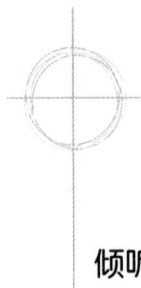

## 倾听技巧是你的底气

情商高的人不但会说话，还会听话。他们能从别人的话语中听到他人心底的一些声音，这给了他们底气，让他们在人际关系里不恐惧、不保守。

很多人都喜欢接触熟悉的环境，不愿意走出自己的舒适圈。可是，如果你的工作给了你机会，让你去和一些自己不熟悉、不了解的人交谈，或者你自己能够有意识地去和陌生领域的人聊天，你就会发现很多思想和价值观上的冲击带来的惊喜。

比如，美国前总统克林顿，大家都知道他是一个非常有名的演说家，但同时，他也是一位倾听高手。据说，在一次他演讲的过程中，有一位女士开始提问。所有人都不喜欢这位女士的提问，甚至开始嘲笑这位女士，因为她不但英语讲得磕磕巴巴，说话还断断续续的。大家都没听懂她的意思，只有克林顿依然身体微微前倾，专注而投入地倾听和分析这位女士说的话。

后来，主持人不得不中止这位女士的提问，他们请克林顿接着和大家分享其他内容。可是，克林顿说完一些问题之后，主动提出他要解答这位女士的提问。他居然在很短的时间内，靠自己的理解，在脑海中重组了这位女士的话语，整理出来了她的问题，而且在他看来这是一个很棒、很重要的问题，并就这个问题给予了解答。

不但克林顿如此，美国著名的人际关系学大师卡耐基也有过这样的一段经历。他去参加一个纽约出版商组织的宴会，在宴会上，碰到了一位著名的自然科学家。此前，卡耐基从未和这位自然科学家谈过话，但是这一次，他和这位自然科学家聊了很久。确切地说，是卡耐基听这位自然科学家讲了很久的话。在宴会结束的时候，这位自然科学家语气坚定地对主人说："卡耐基先生真是一位出色的演说家，他是我见过的最有魅力的演说家。"

而卡耐基也在和他的聊天中，听到了一些自己以前从未听过的、令人难以置信的知识。并且，他还分析：在和别人交流的时候，每个人都很关心自己，这是人的本性。人们都爱讲自己的故事。既然人人都是这样，那么大部分的人就容易独自滔滔不绝，完全不顾对方的感受。如果你想成为一个受欢迎的人，那么就要学会倾听，要鼓励别人多谈自己。当别人要告诉你一些东西的时候，要认真地倾听。这样，他会认为你是一个很特别的人。

我们可以从三方面来提升自己的倾听技巧。

第一是做好准备工作。

我们倾听对方说话的时候，要拿出倾听的态度。想一想，听到一个重要的人讲话时，我们会怎么做？

我们一定会手机关机，视线集中。在物理距离上会争取离对方更近，试图拉近和对方的心理距离。当对方说话的时候，我们会看着对方的脸，必要的时候还会做好笔记。

听不懂对方说的话时，我们也会表示出极大的耐心，争取用自己的想法去理解，大脑高速运转，而不是直接让自己"身还在，心已远"。

甚至在对方说的话并不吸引人的情况下，也可以保持专注的状态去听。要知道，好的倾听态度能让人听到有价值的信息。

比如，在家庭电脑推广之初，人们并不擅长使用电脑，就出现了很多趣事。

咨询人员的初级回应：

顾客："我买的电脑的鼠标，单击和双击都不好用。"

咨询人员："那你把电脑送过来，我们在维修期内可以保修。"

咨询人员的升级回应：

顾客："我买的电脑的鼠标，单击和双击都不好用。"

咨询人员："怎么不好用？"

顾客："我敲了好几下电脑都没反应，用力敲也没用。"

咨询人员："那你把电脑送过来，我们在维修期内可以维修。"

咨询人员的高级回应：

顾客："我买的电脑的鼠标，单击和双击都不好用。"

咨询人员："怎么不好用？"

顾客："我敲了好几下电脑都没反应，用力敲也没用。"

咨询人员："您是怎么用力敲的？"

顾客："单击不就是拿着鼠标在桌子上敲一下，双击是敲两下，我用力地敲了也不行。"

咨询人员："我来告诉您正确的使用方法，鼠标分左右键……"

在以上的案例中，高级回应的咨询人员正是因为听到了对方"用力敲"这个关键词，而并没有不以为意，才能够抓住问题的核心。


第二是要听别人听不到的细节，还要听对方的关联词。

要有自信，相信自己能够听出不一样的东西，你才真的能听到不一样的东西。例如，有一次，我听一个人在讲述他和一个大人物认识已经10年了。起初，他们是怎么认识、怎么在微信上聊天、怎么开始交流问题的……无论他讲得多么绘声绘色、多么符合情感的逻辑，有一个细节还是存在瑕疵：10年前，微信还没有出现，而他描述中所使用的沟通工具的功能是当时的短信所不具备的。这就可以判断出他要么出现了记忆上的错误，要么故意改变了当时的场景。

我们还可以通过关联词来发现对方的意图。关联词有不同的使用方法，在聊天和互动的过程中，大部分人会自然地遵循其中的关系去使用。如果出现特殊情况，就值得我们竖起耳朵，去倾听和判断对方的原意。

美国军方情报专家吉米·派欧曾经讲过这样一个案例：安东尼·米切尔发现女友死亡后，给911打电话。接线员问了他一些细节："当你女友在小路上行走的时候，你在哪里？"

他说："我们原本想去看看一家市场有没有开门，然而她说想去附近一个朋友家，并说到达那里后会给我电话，或者发短信给我。"

他提到"然而"时显得异常生硬，911调查员便从"然而"所提供的逻辑关系入手。最终，安东尼·米切尔被指控在一个公园旁边杀害了他16岁的女友。

生活中同样如此，我们的语言表达习惯是很含蓄的，人们往往会把自己对别人的真实评论和态度涵盖在一种听起来像表扬的语气里。如果你的领导对你说"你的工作非常认真，不过进度能和大家匹配起来就好了"，你就应该注意到自己的工作重点不是继续发挥认真的工作作风，而应该"完成好过完美"，加快速度，不给团队拖后腿。

第三是要用心听，结合对方的状态来分析其话语。

1957 年 4 月 13 日，米高梅公司制作了一部黑白电影《十二怒汉》。影片讲述一个在贫民窟长大的男孩被指控谋杀生父，案件的旁观者和凶器都在。此案陪审团的 12 个人要于结案前在陪审团休息室里讨论案情，而讨论结果必须一致通过才能正式结案。

电影中有一个情节耐人寻味。有一个证人，是一个跛脚老人。他说自己听到少年说"我要杀死你"后隔了一秒，有物体倒下。他花了 15 秒从卧室穿过走廊到大门后，看见少年仓皇逃跑。

8 号陪审员模拟发现，以跛脚老人的走路速度，大约需要 41 秒才能从卧室走到大门，这个跛脚老人却谎称 15 秒。

9 号陪审员是 12 个人中年纪最大的一个，他最了解老人。他的见解为：跛脚老人穿着破烂，这辈子一事无成，没人在意他，但他在这个案子中是主要证人，这辈子终于能够有人好好听他说话了，所以他说了谎。

在这个细节中，我们发现 9 号陪审员是用自己的心感应到了对方的意图。

所以，我们在听别人说话时，要听对方说话的细节，并在细节中去体会其目的。

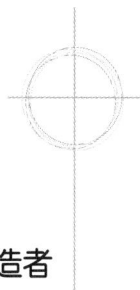

## 成为情绪游戏的制造者

人与人之间的关系，很多时候都是在玩一种"情绪游戏"。

你用什么语言，就制造什么样的情绪游戏。你制造了什么样的情绪游戏，就走向什么样的人生。

我们要让自己成为这个游戏的制定者，掌握游戏的规律，提前预测出对方的反应。这样，我们说话时就能游刃有余，也自然能恰到好处，起到好的作用。反之，如果处处被动，不能和别人配合好，就会在这个游戏中处处被动挨打，说什么都是错。

大家可以感受一下如下对话的差别。

初级说法：

"我和父母吵架了。"

"无论怎么样，你都不该和长辈吵架！"

升级说法：

"我和父母吵架了。"

"怎么了？"

高级说法：

"我和父母吵架了。"

"一定是你们在某些事情上出现了巨大的分歧，才让你这么不开心吧？"

我们可以明显地感受到，使用初级说法的人，聊天的时候带着一种评判别人的优越感。这种回应的方式既不懂得体谅对方，又粗暴地辜负了对方的信任。

升级说法的好处是，能够在负面信息来的时候，不卖弄，不幸灾乐祸，在简短的回应中暗含着一种关心。

使用高级说法的人是一个情商高手，他在理解中提出疑问，比问"怎么了"更加懂得体谅对方，并未给对方"找补"，在不动声色中掌控了聊天的局面。

我们想问对方一些"冒犯"的问题，也要学会使用这样的方式，在理解和体谅中提出自己的问题。

比如，有机会问一个曾被负面新闻缠身的人当时的情况时，你如果直接提起当时事件中的标志性词语，对方可能会非常愤怒，直接就会回应"我不想谈这个"。

但是，你可以结合他当时的处境，从理解的角度提出疑问："每个人都要面临生活中的痛苦，有没有某个时刻，你备感孤独，你又是靠什么力量走出人生的这个低谷的呢？"

此外，我们常常发现和有的人在一起聊天，自己整个人都是轻盈放松的、安全的，但是和有的人在一起总是让人感觉沉重、负面、消耗能量。其中的情绪游戏是怎样完成的呢？

大家可以在下面的两组话语中感觉其中的区别，第一组是不同的人对他人的赞美方式：

"你的发型好看！"

"你工作单位真好！"

我们在这两句话中感受到了明显的不同，第一个赞美和问候给人带来的是幸福和轻盈的感觉，第二个赞美却带来了有重量的现实的因素。而这种沉重的东西即使是赞美，也有可能令人瞬间情绪低落。

第二组聊天是三个人对同一个事件在闲聊时产生的不同的回应。

初级说法：

"周末，我去看了最新上映的一部电影。"

"那是部烂片子。"

无论这个电影是不是烂片，这个回应都是一个糟糕的回应。这个回应等于否定对方的品位，否认了对方在时间上的一个重要支出，令人无论如何都愉快不起来。

升级说法：

"周末，我去看了最新上映的一部电影。"

"这部电影我知道，拍摄的画面和场面感都还不错。"

在一个糟糕的话题上，给了对方一个正面的肯定，能尽量从事物一个好的角度出发进行聊天。

高级说法：

"周末，我去看了最新上映的一部电影。"

"哦，这才叫周末呀，出去看电影可比我在家做一天家务好多了。"

这样回应的好处是回避了对电影的评价，讨论了周末的安排，也许还能安抚对方内心对看了一个烂片的糟糕心情。


最后，我想讲一下聊天中的情绪交换。

两个人在聊天时会发现，开始的时候，游戏的控制权在讲述者的手中。过不了多久，控制权转移，讲述的人慢慢交出了这个权力，因为倾听者在听对方抒发了很多情绪后，情不自禁地也想倾诉。这就是两个人之间所追求的公平，尤其是参加一些聚会的时候，更能体现这一点。

两个人开始聊天，一方微醉，说了些人生中难免的遗憾之事，而另一方是真醉了，完全忘记了"交浅言深，君子所戒"，开始发泄自己的负面情绪。但是，他说的却不是人人都可能经历的泛泛之事，而是把自己对公司、行业、同行很多不该说的话全说了出来。这样，他就让自己陷入了被动的局面。

所以，和别人聊天的时候，开始时就应该给自己定一个基调和原则。这样，你就会在自己制定的规则中确保安全、有度。

## 制造真正的聊天机会

很多人是不爱和别人聊天的，因为他们所具备的能量让他们很敏感，担心自己和别人一聊天，难免走得太近，由此产生人际关系上的麻烦。

这种情况下，你能不能准备很多有趣的话题不是重点，重点是要制造真正的聊天机会。在这里，我们强调的是真正的聊天机会，因为有的聊天实在不能算聊天。

比如：

"我希望你能帮我们提供一笔赞助。"

"你们想要多少钱？"

"我们期待是 50 万元。"

"你们能给的回报是什么？"

"给你扩大影响力。"

"那你们究竟要怎么做？"

"我们这样操作，首先……"

这种谈事情的气氛会把一种合作的关系变成对立的关系，但是如果会聊天，两个聊事情的人有了朋友式的感觉，以上的局面就会改变。

比如：

"我现在有个好的合作机会，对我们都有利。"

"说说看。"

"我给你们扩大影响力，你们给我们提供赞助。"

"具体多少钱？"

"对外我们的要求是希望提供 50 万元，不过我只告诉你，如果你能有 40 万元的支持，我们这个活动也能完成。当然，我有言在先，即使你提供的是 40 万元的赞助，我给你的依然是 50 万元的服务，不打折。"

"哈哈，你打算怎么做？"

"咱俩分三个步骤来操作，首先……"

这才叫聊天，能够制造一种轻松、愉快合作的氛围，把对方的感受放在了心上，并且在这个过程中也恰到好处地表达了自己。注意，要多使用"我们"，而不是"你"。


我们要想有这样的聊天氛围，就要在聊天之前，先把对方变成一个和自己有着朋友式感觉的人。我们通过三种策略，可以接近对方，并和对方在聊天时聊出朋友式的感觉。

第一，降低对方的风险，提高对方的安全感。

一位男士腿部受伤，想麻烦一位单身女同事送一个物品到自己家。他如何聊天才能让对方打消顾虑呢？他可以这样说："您帮我送完文件后，还要请您帮助我，把我和轮椅一起推上出租车，因为晚上我还要去见个朋友。"

这样的聊天，就会把他晚上的安排表露出来。这位女同事就不会感觉自己去一个男士家有什么不妥了，毕竟是有两个任务在身的。送文件也许快递可以取代，帮助对方完成出门的任务却显得很有善意。

第二，注意时机，不该提要求的时候永远别提。

我和一位企业家认识了很多年，他把我称为他的忘年交。

我们认识第一年的时候，每一次他给我打电话，我都帮助他做一些力所能及的事情。比如，他的孩子就业需要一个人指导；他要搬家，但是琐事太多；他和他太太要出国很长一段时间……我都会出现在他的生活中。

第二年，在我的事业上，他给了我无私的帮助和支持，我常常感到无以为报。但他说，因为他太太说过这样一句话，他觉得没有什么是他不愿意帮助我的。她说："这么久以来，每天有那么多人来找你。他们都在和你说各种各样的话，但除了小张，没有一个人和你真正聊过天，其他人都是来打探、套话的。"

这就是我们和人交往的原则，永远不要在对方和自己交情不到的时候去套话、问话，因为这样非但得不到答案，还会让对方起防备之心。一旦失去信任，就没有第二次机会了。

第三，制造情绪起伏，走与众不同的粉丝路线。

很多人在表达善意和友好的时候，会在第一次见面时就把所有的力量都用上。其实大可不必，要善于制造情绪起伏，走与众不同的粉丝路线，才能让你在乎的人对你有同样的在乎。

我以前和一位作家合作过，我看过他写的文章，其中不乏通透的智慧。和他见面沟通事情的时候，我公事公办，从不额外提及他的文章。

后来一个偶然的机会，我们聊起了对经济形势的看法。我利用了他文章中的一些句子，聊了聊自己的看法。他当时非常感动，表示"人生得一知己足矣"。

通过这件事，我发现，两个人相遇之初，无论互相表示多么欣赏对方，大家也都把这种聊天当作一种客气和恭维。但是，如果两个人彼此有一定的了解之后，你在不经意间表现出早已对对方的欣赏，对方就会认为这是出自真心，而非功利。

最后要注意的是，我们在和别人聊天的时候，即使在对的时机，也要注意必要的礼貌。比如，不轻易恶意攻击别人，哪怕是攻击第三人，也有可能因为你不了解内情而影射到对方，从而影响交情。

聊天的时候，应该多听一听对方的看法和评论，从对方的角度出发聊你关心的事情。比如，你想知道对方的价值观，当你看到对方书架上有一套金庸小说的时候，你完全可以问一下对方比较喜欢金庸笔下的哪个人物，原因是什么。

我们可以借助这些信息，简单地了解对方的想法。当然，这里需要注意的是，对方给的答案具备两面性：他表达的喜欢的人的特性有可能与他自己相近，也有可能是相反的。这还需要在以后的沟通中多去观察和体会。

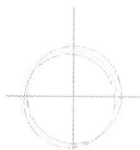

## 会说大话才会谋大局

一提说大话，大部分人就会本能地在内心产生拒绝和排斥，"不说大话"成为人们的一种自我要求。可是，如果说大话的人还办成了大事，大家就不会这么看，而是把这种说大话当作一种气魄。

所以，说大话并不是问题，问题是说大话的人是不是在为他的大话努力。

有一段珍贵的视频记录了马云先生在创业之初的情形。之所以珍贵和令人唏嘘不已，是我们都看到了，他当年说的所有人不理解的大话在今天全部实现了——他在三个重要的时刻，说了大话。

第一个重要的时刻是在 1996 年，他拿着电脑去找一位电视台的朋友。当时，那么年轻的他就敢说大话，他对她讲的词是"因特网""中国的未来""中国的精英"……对方根本听不懂，但是完全被他的热情打动了。于是，她给了他机会，《生活空间》这个栏目拍摄了纪录短片《书生马云》，真实地记录了创业初期的马云面临的窘境。

第二个重要的时刻是马云在推销的现场，他说的是"我可以建立一个中国最大的信息库""把中国的文化、娱乐……介绍给世界"。听众可能完全听不懂，但还是有人坚持继续听。

第三个重要的时刻，我认为是在他受挫的时候。他的一位朋友回忆起一个非常感人的场景。有一天，马云推销很受挫。晚上，大家坐在车里，马云看着北京街道的灯光，灯光在他的脸上明明暗暗地晃着。他说了大话："再过几年，北京就不会这么对我了！再过几年，你们都会知道我是干什么的了，我在北京也不会这么落魄了。"

三个时刻，他是靠自己的大话撑起了自己，也撑起了别人对他的信任。

在当下同样如此，我很难相信一个不说大话的人能够得到投资人的钱。

比如，两个年轻人都去找一笔投资，其中一个表现出来的气质是大步流星，他说的是："你投我一年，我给你的是一个将来最能给公司带来收入的产业。"另一个的状态是拘谨和小心翼翼的，他说的是："你先给我投一笔钱，我先做做看。"

人们常说"说到不如做到"，但我认为某些重要的时刻，我们应该学会"先说到，再做到"。这也是让很多人在生活中常常愤愤不平的原因，人们发现，那些特别敢说大话的人，就是有人信、有人支持、有人投资、有人帮助……居然，他们最后还真的做成了！

这和我们现在的时代是有关系的，现在是一个快节奏的时代，人们不会用太多时间去默默观察你、了解你。这时候，表达能力就成为你最有利的武器。与其看到别人纵横捭阖，不如自己也学会在适当的时候"用你的大话，给你谋一个大局"。

我给大家提供三种有效的说大话的方式。

第一是在时间上打造一种大气魄。

举个例子来说，我在大学时听一位老师的演讲，因为他讲的东西实在高深，当时的我们听得一知半解。但是，他最后说："同学们，行动吧！对祖国的文化发展而言，是时候了！"这一句"是时候了"，制造了一种"时不我待"的感觉，抬高了我们作为年轻学生的重要性，令我们当时感觉到自己的肩膀扛得起宇宙的命运！我们也瞬间成为他和他所宣传的思想的粉丝。

在生活中这种方法很实用。比如，当我们求一个人帮忙的时候，我们说："除了你，我不知道谁配来做这件事！"就是给对方制造一种他很重要的感觉，令他在心理上得到巨大的满足，从而帮助我们完成我们想完成的事情。


第二是在树立企业目标和个人目标时要敢于放大。

无论是创业还是规划个人的工作前景，都要敢于做一个大的目标。这样不但是让自己在这个过程中保持不满足、永远向前，还是为了让其他人相信自己和支持自己。

也许有的人会有一种顾虑：自己说的大话，别人会信吗？

其实，人的心理会接受自己熟悉的东西。这不是一个推断，而是心理学家验证过的一条经验。罗伯特·扎荣克是一位权威的心理学家，他在密歇根大学教学期间，因所引领的引发争议和赞誉的开创性实验而获得了声誉。比如，他发现人们对熟悉的事物有一种正面的情感，由此论证了简单暴露效应，或者叫作多看效应。

在他的一系列研究中，有一项研究是向被试者呈现一些随机图像，包括汉字、表情和几何图形。当被问及最喜欢哪个图像时，被试者会选择他们见过最多次的那个。

所以，你说的什么不重要，重要的是要多次重复，直到大家产生熟悉感，慢慢再过渡到信任。

比如，当你说自己的目标时，你的保守目标是为你的产品寻找到 5 万个用户，但是如果事情发展顺利，你会发现这是一个很好完成的数字。所以，你不妨把自己的目标和愿景定到 50 万个用户，这样你和你团队的人都会因为这样的目标而兴奋并一致向前。


第三是在和对手竞争的时候，展示自己的大格局。

很多人面对竞争对手的时候，难免会产生抵触的情绪。有时候，还会直接批评和打压对手。殊不知，口头上的打压并不能给对方带来真正的震慑。反之，如果你懂得"说大话"，也许你的竞争对手就会变成你的合作伙伴。

比如，当有人问起你怎样看待你的竞争对手时，不论你怎么说都很难讨巧：如果你发动攻击，任何人都会感觉你气量狭小；如果你赞美对手，不但违背自己的内心，还容易被当成伪君子。但是，你可以这样聊："我们的竞争对手是怎样的，我确实不方便评价，但我知道我们的初衷都是为了更好地服务顾客，希望我们都能给消费者更舒适的体验。"这么说，既避免了直接攻击同行业竞争者，又重点突出了"顾客是上帝"的原则。不卑不亢中，也拔高了自己。

第三章

# 说服谈判谈笑间：
# 在共情、对抗中拓展社交图景

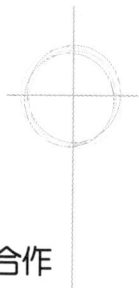

## 把对抗变成合作

有一些关系看似是完全对立的，但其中依然有着可以转化成合作的机会。

比如，顾客和商家的关系。大家都知道，顾客希望花最少的钱来买东西，而商家希望顾客多付出金钱。那么，其中的对立看似是不可调和的，但是依然有机会。如果两个人能够发生关联，就有机会。

商家会揣测顾客的需要，顾客的需要又希望被商家满足，所以双方只要更尊重彼此，友好地称呼对方，就能缓解两个人之间的矛盾，让双方感觉到一种合作的关系。

生活中太多的对抗都可以变成合作。比如，你要给两个孩子分蛋糕，看似这两个孩子之间一定是存在矛盾的，是此消彼长的关系，但是你可以通过一种方法让这件事情看起来是一种合作：让其中一个孩子切，另一个孩子先选！

把对抗变成合作是一种重要的意识，只是，我们很多时候意识不到它的重要性。或者，当一些事情发生在自己身上的时候，出于自我保护和情绪上的冲动，我们忘记了在一些细节上可以营造出合作的感觉；在遇到一些矛盾的时候，我们忘记了可以用更好的方式来化解僵局。

比如，我去和别人谈合作，在一些私下的场合，尤其是要出示一些文件的时候，我很少和对方面对面坐着，我通常会选择和对方坐在同一个方向。这样，我们聊天的时候看到的是同一份文件。我给对方解释一件事情，就容易让他产生一种我们共同面对一件事情的感觉。

有很多年轻人会因为创业这件事情和家人起很大的矛盾。刚开始的时候只是看法不同，继续演化下去就变成了观点不同，再持续恶化下去就变成了不可调和的矛盾。这是多么让人可惜的事情！要知道，创业的过程中要和无数人产生利益上的关联，要是不能把距离自己最近的父母从对抗变成合作，接下来面对其他人的意见和自己不同的时候，更容易感觉到心浮气躁。

小林就是因为创业和他的父亲陷入了激烈的冲突中。令小林生气的是，他的父亲明确表示不会有任何资金支持小林，甚至说了很多"你创业就是烧钱""你根本不知道天高地厚""你不好好工作就是蠢"这样的话，来表达他根本不看好小林的创业。

小林愤愤地说："他就是不想给我资金支持，只要听说是和钱相关的事情，他一概不支持。比如，我一说想出国，他立即同意，但一听说出国需要有一定的资金支持，他随即就说出国不安全，搞不好人财两空。一听说我想创业，开始他也挺高兴，觉得以后可以扬眉吐气了，但一听到我的积蓄在前期投入上根本就不够，他立即就说创业风险太大……"

在小林看来，这件事"没法聊了"。

其实，这件事还存在一定的转机。我们姑且认为小林的父亲是一个把钱看得很重的人，这样的人的特点是不希望别人把自己看穿：小林的父亲每次不支持小林，都是因为小林要向他索取资金支持。但是，他又想装作不是为了钱才不支持小林的，所以他说了很多侮辱人的话。话说得这么难听，本质上是一种欲盖弥彰，是一种自己都不想面对自己人性中某个部分的恼羞成怒。

如果小林说"你就是为了钱"，那么后果不堪设想，双方再也无法收场。但是，小林可以换一种方式来聊："我知道您是担心我创业失败，将来生活困难，那这次创业，您先别借钱给我。您的钱留着将来我有更重要用途的时候再帮我，我先让朋友帮一下忙，大不了高息还他们就可以了……"

果然，当小林采取这样的态度去和他的父亲聊的时候，这个前一分钟还在破口大骂的父亲，听到小林把他不给钱的行为"合理化""伟大化"之后，立即换了一副面孔，表示"尊重儿子的决定"，还"亲情赞助"了很多社会经验给小林。

我们不能选择自己将遇到什么样的人，包括遇到什么类型的父母、什么类型的领导、什么类型的伴侣、什么类型的同事、什么类型的朋友……但我们可以决定的是我们可以说什么，以及能让自己坚持做一个什么样的人。

我想到了一个形象知性、温柔的女主持人，她看到一个很有资历的名人的评价，对方公开表示，认为她嫁人嫁得不好。有人问她对此的看法。

这是一个很考验智商和情商的时刻，如果回应得不好，就会对她和她的家人造成困扰。她回应的大意："长辈的话我听到了，我在他心中如同女儿，所以无论我嫁给谁，他都会因为疼惜而觉得可惜。"

这位前辈听到后，对她的友善和聪明表示很欣赏。

在这个案例中，这个女主持人需要征服的不仅仅是批评她的人，还包括围观的人。当一个人被其他人语言冒犯的时候，保持涵养和风度不仅仅是为了不刺痛对方，还为了让围观的人看到他本身是个怎样的人，并让自己在这个过程中获得尊重。

无论多么来势汹汹的语言攻势，都可以先试图往好的一方面引导。要知道，当面对那些存在也可能不存在敌意的人时，你的谦和是一种智慧，而非胆怯。别人对待你的方式粗暴，如果你用同样粗暴的方式回敬对方，你就与他一起成了缺乏智慧的人，这会让你的形象和心态都减分。

反之，在这个过程中，你要尽量给对方留面子。如果能有礼有节地回应，那你不但可以引导舆论，还可以改变对方。毕竟，面子是人的第二心脏。

不到必要的时候，不要在聊天中直接上升到核武器级别的反攻。

有人说，只要有人质疑你，你就质疑对方的动机，这样就可以让对方"无所遁形"。在我看来，这样的确不失为一种有力的回击，但这么做的缺点是，把本可以化解的矛盾集中在当下的人身上。当你不让别人有退路的时候，你自己也就没了退路。

比如，有人在采访一个名人时说："有人说你是在作秀……"

如果他回击："你什么意思？你凭什么这么问？你是不是故意激怒我？……"

接下来，两个人就会进入掐架状态。

这个回应最失败的地方在于，对方在质疑的时候，已经虚拟出第三方，这样其实回避了当下两个人之间的矛盾与冲突，但是不高明的回应又把对方的这份好意给浪费掉了。

其实，可以这样回应："不是作秀。但是，即便是作秀，也是为了宣传环保。不然，我干吗作这个秀呢？为了环保，我不怕质疑，大家慢慢会了解的。"

这样，就把虚拟的第三方的恶意解释为"别人只是暂时不了解内情"。

又如，有人说："你以前说的一件事是不对的，有错误……"

如果这样回应："你故意揪着我的错误来让我难堪。"

两个人也会进入掐架状态。

其实可以这样回应："我讨论的事情当然可能有一些错误的地方，因为我们朋友之间聊天就是为了讨论一些我不懂的事情，听听大家都怎么说。万一我只说自己懂的事情，那不就成卖弄了吗？哈哈……"

在以上聊天语言的"你来我往"中，大家可以感受到巧妙的聊天能把对抗变成合作，迅速把本来质疑你的人往你的粉丝群里推。

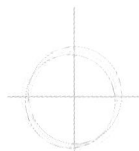

## 谈笑自如才能说动人心

一个情商高的人在说服别人的时候，自然懂得把对方的感受放在第一位，会把自己提前准备好的套路、道理、利益先放在一边。很多人平时看起来又聪明，智商又高，但是有时会无法说服别人，其原因往往就是不懂得克制，让自己的利益压倒性地战胜了自己的头脑。

美国作家马克·吐温写了一本名为《汤姆·索亚历险记》的书，其中有个很有意思的细节：小男孩汤姆和一个陌生男孩打架，被波莉姨妈发现了，于是他被罚粉刷篱笆墙。

这时候，汤姆有两种思路。第一种思路就是他的情绪压倒了理智，他马上想到过一会儿其他自由自在的男孩子就会出现在街上，搞各种各样的活动。大家一定会笑话他。

他去求他家的奴隶吉姆来帮他。"我说吉姆，我替你提水，你替我刷墙，好吗？"这个说法被吉姆果断地拒绝了，因为吉姆害怕被波莉姨妈发现。

后来，汤姆打算拿小玩具跟伙伴们交换，让他们替他干活儿。他把自己积攒的宝贝拿出来仔细检查：小玩具、玻璃球、小破烂儿。不过，恐怕这些都不够换半小时的自由，于是他放弃了。

第二种思路是，克制自己内心真正的需求，刺激别人的欲望。

他抓起刷子，平静地干起活儿来。

这时，本·罗杰斯来了。在所有男孩中，汤姆最怕受这个男孩的嘲笑了。果然，本·罗杰斯开始嘲笑他："嘿，老伙计，你不得不干活儿是吧？你喜欢这活儿吧？"

汤姆很冷静，他故意说："难道一个男孩每天都有机会粉刷篱笆墙吗？我敢打赌，就是从1000个男孩中也挑不出一个能干好这工作的，说不定2000个里也挑不出一个。"

他装作非常投入地享受刷墙。他挥动着刷子，刷完后，还会退两步审视一下效果，在某些地方再补上两刷子，然后再次用吹毛求疵的眼光瞧瞧。

本的眼睛一眨不眨地望着汤姆做每一个动作，越来越感兴趣，越来越着迷了。

很快，本就说："汤姆，让我刷一点儿吧。"

汤姆装出打算让步的样子，可是，他又延缓了自己的节奏，说："不行，波莉姨妈对这堵篱笆墙要求十分苛刻……"

他彻底把本的胃口吊起来了，本甚至提出用苹果交换粉刷的机会。

汤姆心中十分得意，可是他依然不动声色，还故作不情愿地把刷子递给了本。

最后，这个嘲笑汤姆的本，竟在阳光下替汤姆粉刷起篱笆墙来，累得满身大汗。

后来，其他的男孩子也来到街上。他们开始时对汤姆和本干活儿表示嘲讽，最后却都留下来以小玩意儿来交换这个用刷篱笆墙，以此来显示自己才能的机会。

在整个粉刷过程中，汤姆享受着闲散和舒适，周围的同伴们帮他把篱笆墙足足粉刷了三遍！要不是白粉浆用完了，他准能让全村的孩子动用全部的"宝贝"来换这个刷墙的机会。

这个小说中的情节很耐人寻味。谈笑自如是说服人的前提，根源就在于，当一个人谈笑自如的时候，别人就会认为他要说服自己的事，对对方来说并不是最重要的，也不是和对方利益最相关的事情。

甚至一个人哪怕明明知道，对方说服自己之后，会有巨大的好处，但对方只要表现得心平气和，他就会弱化内心的这种不舒服的感受。

比如，下面这样一个对话，大家体会一下顾客的感受。

业务员："您看您什么时候有空，来我们健身房体验一下？"

顾客："我暂时不考虑。"

业务员："您这样就是对自己的健康不负责任了，人的健康才是最重要的。不然，您现在就是用身体赚钱，将来会用钱换健康，多不划算，您还是来吧。"

顾客："我不去。"

业务员："您为什么不来呢？道理我都跟您说得很清楚了。"

顾客愤然离开。

在这段对话中，大家感受到了什么？也许有朋友要说，在生活中，我们会使用这么硬的口吻聊天吗？但实际上，这种案例比比皆是。当一个人脑海中总想着自己的业绩、提成，急于达到目标的时候，再聪明的人也有可能利令智昏。

又如：

业务员："您是给谁选衣服？"

顾客："我来给我的一位长辈看看。"

业务员顺手拿了一件，然后说："您看这件喜欢吗？"

顾客："这件不太好，是个圆领子，我阿姨喜欢立领。"

业务员急了："现在流行圆领子，您得和她说，圆领子才流行，立领子早就过时了。"

顾客离开。

我们始终要牢记的一点是，对方不是花钱来买教训的，也不是花钱来听你上课的。当你一味进攻时，就把对方可能存在的诉求和对你刚刚建立的一点好感全部消耗完了。

所以，在说服别人的时候，我们要对自己进行有效的训练，要不动声色，要谈笑自如，要有意识地提醒自己和对方聊天时所要关注的事项和进行的步骤。

再如：

业务员："您平时工作比较忙吧？您看这样好吗，您这个周末来我们健身房感受一下可以吗？"

顾客："哦，我不想去健身房锻炼。"

业务员："哦，我看您身材保持得特别好，您一定有一套自己的锻炼方法，是吗？"

顾客："是的，我平时挺注意锻炼的，我每天早上都去跑步。"

业务员："方便问一下，您是在哪里跑步吗？"

顾客："我一般都去室外跑。"

业务员："您是一位很有生活智慧的人。健康应该放在我们生活中的首要位置，只不过太多人都忽视了。当然，室外跑步也有一些局限，当天气不好的时候，可能这么好的习惯也不得不中断了，所以我还是建议您来我们健身房感受一下'随来随跑'的便捷。另外，我们有专业的健身教练和您交流，有一些细节和注意事项，他可以为您矫正一下。"

顾客："我这个周六过去看看吧，去了以后联系谁？"

业务员："您直接找我就好，我为您介绍一位高级健身教练。"

顾客："好的，谢谢你。到时见。"

这段对话的心法，是说话者虽然是一个主动进攻者，但是他看起来毫无攻击性，一直在不疾不徐的语气里，保证对话的流动和不间断。并且，靠着他高超的赞美对方的聊天术，顾客始终感觉对方在为自己提供价值。

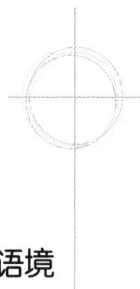

## 换个角度进入和顺语境

如果我们足够留心，就会发现，越是有能力的人，说话的时候心态越开放、语气越平缓，因为他们能够从更多角度看待一件事情，所以他们的情绪起伏不会很大。

而且，越是职位和级别高的人，越是有社会经验。他们更加懂得，无论遇到什么困难和问题，事情总有解决的方法，所以没必要剑拔弩张，也没有必要非得争个对错。他们的语言像日常的为人处世一样，能给人带来一种"和顺"之感。

小张是一个业务员，他和客户李先生的关系不错。他知道在一个放松的环境里谈事情和在办公室里谈事情给人的感觉是完全不同的，所以他常常邀请李先生到一些很清雅的环境喝茶、聊天。到结账的时候，小张每次都抢先付账，很有眼力见儿。

事实证明，李先生果然是一个大客户。有一次，李先生的公司从小张这里采购了很大数目的一批产品，这让小张所在的整个公司都很兴奋。小张的领导陈总还亲自出马，和李先生谈一些小张决定不了的折扣和细节。

席间，三个人聊得很愉快。陈总话虽不多，但是每句话都让李先生无比兴奋。陈总问李先生："你当年创业的时候，环境可比现在难多了，当时你是怎么开辟渠道的？"

聊到这个话题，李先生眼前一亮，开始滔滔不绝地讲起了自己的创业故事。在这个话题要结束的时候，李先生开始标榜自己的人品。他说："我刚创业的时候，对于那些跟随我的人，是当自己的兄弟一样来交往的，当时完全平分所有的好处。直到现在，我的手下还经常叫我李哥，因为他们都知道，和李哥在一起不吃亏，李哥也从不亏待他们。无论在什么场合，只要李哥在，永远都是李哥埋单。"说到此处，李先生说了一句，"这一点，小张也知道。"

小张当时一愣，随即也做了表面功夫，配合地点头称是。

但是，小张的心里却特别不是滋味。后来，小张找陈总说出了自己的疑问："每次我和李先生在一起，他说要结账，我都抢先了，所以所有的账都是我结的。他在您面前这样暗示，好像我从来没有付过账，一直都是他在照顾我一样，这不是歪曲事实吗？"

本以为陈总会说："这个李先生，他做人太不诚实了。"或者说："小张，是不是你在撒谎？"

没想到，陈总根本没有纠结这个问题，也没有判断事情的对错，更没有评判别人的是非，他只是淡淡地说："没关系，就让他这么说吧。反而显得你能力强，不花分文、不请客吃饭就能搞定这么大的一个订单。"

小张说："如果他在行业的圈子里总标榜说，他和我在一起全是他埋单，会不会对我们公司产生负面影响？"

陈总哈哈一笑说："当然不会有负面影响。别人听到我们公司的业务员这么硬气，只会认为我们产品的质量是过硬的，才能做到从不求客户，而是令客户向我们示好。"

本来，小张一肚子的委屈，心中也都是悲观的想法，但是当陈总寥寥数语说完，小张不但情绪缓解了，还瞬间由一个一肚子委屈的人变成了一个有着小小骄傲的胜利者。

这就是小张和陈总的区别：小张在乎对错，陈总则完全从对错里跳出来，看的是最关键的利弊。

在生活中，我们使用语言就是如此有趣。只要换个角度看待一件事情，或者换个角度描述一件事情，你所表达的意思和给对方带来的感受就会完全不同。

## 让行为给话语带来攻势

我们有时候会在和对方聊天的过程中识人识己。

在我的经历中，有一件事情让我想起来就有些惭愧，这个教训给了我很大的启发。于是，我常常采用一种故事化的手法把这样的一个聊天案例，在不同场合进行分享。

我在大学时期就一直研究演讲、口才之类的知识，整个大学期间，我协调和组织学校的活动，与老师、同学打交道很顺利。毕业后，我找工作的过程也很顺利，我知道这是常年研究沟通的艺术给我带来的好处。

我成为领导的秘书之后，和领导沟通得心应手，和其他人沟通也很顺利，逐步成为助理型的秘书，收入和待遇都超出了我的期待。

一直以来的受益，让我更加迷恋语言的力量，而忽视了更深层的本质的情感。直到有一次，领导让我协助业务部门和一位海归人士谈合作，我以为我当然是没有问题的。刚和这位海归人士接触的时候，我和老先生相谈甚欢。谁知，两个星期过去后，那位老先生便用他那种礼貌而客气的冷淡态度对待我了。这让我意识到，真正让话语感动人心的不仅仅是礼貌、得体的谈吐，还考验你往其中注入的情感是否真挚。

我刚开始接触这位老先生的时候，我们谈得很投机，直到一些细节开始暴露出我并不享受和他聊天的过程。比如，我们吃饭的时候，服务员问我们要什么，我每次都说随便，因为我脑子里还在规划着一会儿从哪里打开话题，让他赶紧和我们签合同。有一次，他打电话给我，问我什么时候能去他公司一趟。我判断签约在即，这属于临门一脚，一定不能犯错误，所以我赶紧回复，说我任何时候都有时间……不得不说，合作还是谈成了，但是我和这位老先生的私交也结束了，他对我也仅仅是礼貌和客气。遗憾的是，我们的公务关系再也没有机会转化为私人交往。我就这样错过了一个很有能量和心量的、本来有可能是忘年交的人。

刚开始思考这件事的时候，我心里并不觉得自己有多大的错，而随着阅历的增加、接触的人增多，我也被别人这么对待的时候，我才感受到对方当时感受到的不自然。

这段关系的不平等在于我一直希望他点头签下一份合同，这就意味着我是怀着任务之心来和他接触的。对于他来说，他并不排斥我怀着目的前来，但是他认为自己是一位非常有人格魅力的人，所以再有目的性的人都会放下目的，和他成为很好的朋友。说得直白一点，貌似别人来征服他，他享受的却是用人格魅力征服别人，毕竟他的学识、见解和视野都是超群的，也会让人真正想和他做朋友。

而唯独我，还是不肯放松自己的目标。虽然我表面上和对方聊得很好，但是心里想的都是合同。当时的我，貌似把一切做得都很好，但真实的自己是眼中只有事情，没有人。

我若享受和他一起吃饭的过程，就不会在点菜的时候说"随便"。我若是把对方当朋友，而不是当作客户，那么他跟我约时间的时候，我就不会说任何时候都可以。我至少该停顿一会儿，看看自己的时间安排。

在我心里，我和他的关系是不平等的。这种不平等并不会让他好受，他也并不需要别人对他假意地套近乎。

在这个案例中，我深深地体会到，两个人之间无论聊什么，你所聊的话和你的行为细节都应该是一致的。否则，只会让明眼人一眼就看出你的"不走心"。

我们也能从与他人相处的细节来看清自己究竟是如何判断两个人之间的关系的：我们把对方当作一个人，还是当作一个实现自己目标的工具；我们把对方看得很重要，还是觉得对方是一个很重要的"猎物"。

我曾听说过，一个木讷的人，会因为他内心的看法，让一句朴实的话有雷霆之势！

这个案例是我的朋友王先生的经历。他曾经的一个店员小李遭遇了重大的人生变故——做大手术没有钱，王先生出资帮小李渡过了难关。

后来，小李去了大城市发展。他一直邀请王先生去他所在的城市做客，王先生都婉拒了。那一年，王先生的孩子高考结束放暑假，要去小李所在的城市游玩，于是全家人就到了小李所在的城市。小李给王先生安排了五天的行程。在这五天的时间里，小李让家人全程陪同，并且告诉王先生，他在大城市已经站稳脚跟，在聊天的时候总说："哥，咱们现在不缺钱了。"

这次旅游，小李的爱人找机会给王先生的太太买了高档的手包，给王先生的孩子购买了高档电子产品，全程安排得都很周到。由于每次付账的时候，小李夫妻二人都非常主动，王先生只好接受。

五天过去了，王先生一家要回去了，小李来送别。小李说了一句话，让王先生一家都很感动，他说："我所有的一切都是您给的。"

这是一句很感恩又显得很夸张的话，有的人说这么重的话反而会给对方一种不真诚、假大空的感觉，但是，为话语真正注入力量的是小李的行为。王先生的太太上了飞机后，和王先生说的第一句话是："我们这次来，衣食住行都是高档的安排，但是你注意看小李和他太太了吗？整整五天，他们穿的是同一套衣服。"后来，她又说："我和小李的爱人去逛商场，她拿着满满的一包现金。但是，我问她卫生间在哪里的时候，她说她也是第一次来。"

一路上，王先生一语不发。后来，他给小李的餐厅入了股，帮助小李再次站稳脚跟。

无论是聊天的细节，还是行动的细节，其中暴露出来的信息，都是小李在大城市正是起步阶段，并没有那么富有，但是他用了他能给的最好的一切来款待自己的"恩人"。

所以，他说的话匹配了他的行为，成为打动人心的利器。


对比两个案例来看，小李的案例令人感动的原因在于，他和王先生之间，谁都没有把对方当作利益伙伴，而是把对方当成了真正可以信任的朋友。这让所有的聊天、所有的细节都对了！

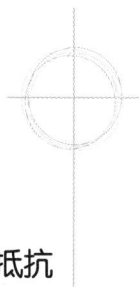

## 一个故事消除抵抗

说服、谈判和生活息息相关，大到合同签约，小到家庭琐事。想艺术化地处理，就不能把这个过程变得剑拔弩张，而应该利用聊天的机会，改变对方的决定。

如果你用数据说服别人，别人也许会听你的，但他会感受到你的无趣；如果你用故事说服别人，别人改变决定后还会感受到你的温暖。

小闫做种植产业，他的产品采用古法种植，价格非常高。他很注意产品的营销，先是吸引顾客带孩子来采摘，然后向顾客推销他的草炭土种植的土豆和其他农产品。

很多人在现场感受到农场的天然和环保后，都会高额预订下全年的蔬菜。

有一次，在一群顾客中有一对母子。这位妈妈一听到蔬菜的价格，当场质疑，并批评农场唯利是图。

当场，小闰的一个下属就和这位妈妈争论得面红耳赤。这位下属把各项报告展示给她看，但是这位妈妈看都不看，还说这些数据说明不了什么，她看不懂。小闰的下属只能愤愤地说："今天已经有32个人订购了蔬菜，难道大家都没有判断力吗？"

小闰的下属说的话让这位妈妈更加生气，她说："我不管别人买不买，但是我看透了这种形式，你们这就是骗钱。我在超市买的蔬菜也是新鲜的，价格才是你们的一半。你们组织家庭采摘活动是个噱头，你们的目的就是骗我们这些妈妈花钱买产品。"

就在大家围观的时候，小闰走上前，他镇定地说："这位大姐，我是农场的老板。我比您更懂得钱的珍贵，我从小在一个单亲家庭里长大，我的妈妈很要强，把一切好的东西都给了我。我知道天下的妈妈都是这样的，任何能为孩子做的事情，她都会努力。我开这个农场，请这么多家庭来采摘，并且现场感受我们种的蔬菜，是让大家自愿购买的，没有一次强买强卖的事情发生。"

这时，小闰的下属会意过来，不再和这位妈妈据理力争，而是耐心地补充："很多妈妈向我反馈，孩子本来挑食，但是因为我家产品的口感不错，孩子挑食的情况正在改善，我们老板特别高兴。"

看着这位妈妈的表情已经从激动到冷静，从冷静到感动，小闰接着说："您现在对价格不满意，我也能理解，因为现在我的成本太高。如果我的规模做大了，我会考虑多做一些优惠活动，让更多人享受到我们的蔬菜。"

此时，这位妈妈非常愧疚地说："真是不好意思。上次我参加别人办的一个活动，我带着孩子去玩了一会儿之后发现，不买东西不让我们走，给我留下了心理阴影，所以今天我一看到你们推销蔬菜卡就发火了。你这么一说，我就放心了。今天的蔬菜我看到了，感觉的确不错，我订一份。"

围观的人听到之后，也纷纷开始订购蔬菜。这一场纷扰结束后，小闫发现这一次居然破了当月的销售纪录，当场采摘的人几乎全部订购了蔬菜。

这就是故事的力量，小闫善于讲自己的故事。每个人都有故事，但是找到能和别人情感共鸣的故事，然后大大方方地讲出来是需要技巧和勇气的。

在讲故事的时候，不能添油加醋、画蛇添足，原原本本、实实在在地说出重点即可。如果讲自己的故事，可以添加感情色彩；如果讲别人的故事，可以在议论中对听故事的人加以引导。

小王的爱人听朋友们炫耀他们孩子的学校有多好，她一时心血来潮，打算卖房子、换地址、给孩子转学校。

小王一听，心中很慌，刚准备说服爱人，没想到他爱人就一脸委屈地说："我给爸妈打电话商量这件事，他们居然说我是瞎折腾。

我这是瞎折腾吗？谁不是为了自己的孩子好……我不管别人怎么说，他们不是孩子的妈妈，我要为孩子负起责任来。"

小王马上转换了说服的思路，他赶紧说："你这都是为了孩子的未来打算，宁愿牺牲自己的安静，我知道你的心意。"

他爱人立即像得到了支持一样，松了口气。

小王接着说："不过，我们的孩子也不是第一天上学了，转学对他来说影响太大了，好不容易培养的学习氛围和同学关系都变了。这个方面你可能还没有考虑到，我曾经就因为父母做生意转过学。我发现换到陌生的环境后，很长时间的失落感和失去朋友的感受让我无法投入学习。当时，我毕竟年纪小，不像现在可以用成年人的思维来理解。我当时就觉得天都塌了，我的朋友都看不到了。这种不快乐是当时任何东西都弥补不了的。"

听到这里，小王的爱人的表情凝重起来。小王在这个故事里所表述的"这种不快乐是当时任何东西都弥补不了的"，让他爱人明白了，如果孩子失去了快乐，就违背了她的初衷，而且这个责任她根本就承担不了。

小王的爱人和小王就这个话题展开了思考和讨论。看到形势有所转变，小王立即就找到了重点，开始"进攻"。他说："孩子最近的学习情况很好，也很稳定，这全靠你平时辛辛苦苦的付出。你的付出比任何人都多，你应该巩固和捍卫自己的劳动果实。如果换别人让孩子转学，你应该立即说'不'！因为这是对你的否定。况且，我还听教育专家讲过课，他强调的是，再好的学校都不如一个好的班主任。你和孩子班主任的互动很不错，她还信任你，让你做家长代表，这就是对你的肯定。如果换一个学校，你又要重新建立自己的信任度了……"

没想到话还没说完，小王的爱人就表态："坚决不让孩子换学校。我真是一时糊涂，孩子好好的，真不应该折腾……"

在这个案例中，小王用故事快速吸引了他的爱人，又在叙述故事的过程中加入了肯定和鼓励对方的积极因素。最后，引用权威对象的观点来佐证自己的判断，便于让对方自己做出正确的选择。


如果我们在实际操作中缺乏自己的故事，对自己有利的相关人的故事同样可以利用，从而对说服对象发动情感攻势。

小丁去买房子，因为第一次和房地产中介打交道，他心里七上八下的，很没有安全感。中介人小韩一看到这种情况，就理解了小丁的心理，他知道小丁在这样种状态下，这单是一定不会成交的。任何人都不会把一大笔钱交到一个自己不信任的人手中，哪怕对方来自口碑很不错的中介机构。

小韩开始找时机给小丁吃定心丸。小丁在聊天的过程中突然问了一句："你们老板是靠什么把产业做这么大的？"

小韩觉得机会来了，于是就开始讲自己所在公司创始人的故事。他说："听说我们老板也是普通家庭出身，当年他来大城市找工作，第一步当然是租房。当时，他什么都不懂，把自己所有的钱都给了业主。后来发现上当受骗了，他瞬间身无分文，当时真是惨！他当时就决定要在这个城市里活下来，闯出来。他从自己上当这件事情中找到了商机，觉得如果懂房地产交易，保证别人不上当、不受骗，买得放心，住得安心，不就是一笔大生意吗？于是，他就创立了我们这家公司，然后一步步靠着信用做大了……"

　　果然，这个故事一讲完，小丁就自己总结："看来他是自己被骗过，所以成立了这家公司，帮助交易更加透明，让别人别再上当，是吧……"

　　小韩说："是的。而且，我觉得我们老板最厉害的一点是在自己痛苦的事情里找到了商业的痛点，把自己的事业给做了起来。"

　　小丁接着问："那你一直就在这家公司工作吗？"

　　小韩说："我一开始在这家公司工作，有一段时间，我觉得自己的业务能力已经很强了，就出去创业，也做了类似的中介业务。后来发现，靠一个人的力量和小的规模真的很难和大公司竞争，毕竟大公司在各方面给客户提供的保证都是有效的、令人信服的。所以，我后来又回到了公司，在这家公司踏踏实实工作到现在。"

　　小丁在小韩叙述的故事中，建立了对这家大公司人性化的认识，也因为对小韩的进一步了解，终于慢慢放下了防备。在轻松的沟通中，两人加快了成交的节奏。

所以，讲谁的故事不重要，重要的是怎么讲，要让你面对的人感受到故事里主人公当时的情绪。无论是开心还是恐慌，都有助于带对方进入你建立起的世界。还要让你面对的人体会到你故事表达的观点和情怀，无论是高尚还是平凡，都能够让对方和你的距离更近一步。

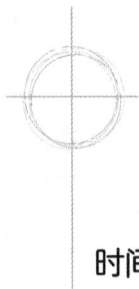

## 时间是征服的密码

聊天可以是一种随性、随心的闲聊，也可以把商业目的包含其中。当聊天成为一种商业手段的时候，只要你最终要实现的商业目的是合情、合理、合法的，你就完全可以把聊天变成一种策略。

有句话说："条件一样时，人们想和朋友做生意；条件不一样时，人们还是想和朋友做生意。"说的就是人们对安全感的追求。两个人之间，聊天聊得越多，朋友式的感觉就越容易建立起来。当双方的业务关系转化为私人关系时，对方就会对你产生信赖，你在说服对方的过程中也多了很多胜算。

把业务关系转化为私人关系是需要时间的：一种方法是靠长时间的软磨硬泡，这在一定程度上有可能起到作用；另一种方法是在短时间内，靠有策略地说话实现高效率的说服。

宋女士开了一家女子美容店。有一天，她和店员小雅一起去逛商场买衣服。在两个人试衣服时，有一位衣着华丽、打扮时髦的女士也在试衣服。她试来试去，总是不满意。此时，商场的工作人员就上前问她："张姐，您是觉得哪里不满意呢？"

这位女士皱着眉头说："我最近在国外待的时间太长，回国才发现自己晒黑了。这些衣服的颜色都不好，让我看起来肤色更暗了。"

商场的工作人员又给这位张姐推荐了一些别的颜色的衣服，都被她拒绝了。此时，宋女士走到她的面前说："姐姐，这是我刚刚看到的一件衣服。这个尺码就这一件了，我还没试，要不您试试？我感觉这件衣服您穿比我穿会更有味道。"

张姐看到宋女士手中烟灰色的衣服，觉得质感很好，况且又听到宋女士的赞美，心情更加舒畅了，于是就试穿了这件衣服。果然，张姐一照镜子就露出了非常满意和自信的笑容。她想到这是宋女士割爱给自己的，有点不好意思，就说："我现在选件衣服真难，就是这次出国晒伤了，回来怎么补都不行。"

小雅一听，觉得机会来了，马上就要从自己的包里拿出名片夹，被宋女士用一个暗示的手势制止了。宋女士不动声色地和张姐继续聊天："您皮肤的底子还是很好的，所以您通过个人的保养，想恢复成白肤色也是没问题的，我推荐您先……"

张姐很有兴致地听着，因为宋女士给她讲的都是日常生活中可以取材的果蔬美容法，所以令她很感兴趣。张姐听完后，就问："如果坚持采用这样的方法，多久能有效果？"

宋女士自信地说："半年的时间，您的皮肤一定能达到一个令您惊喜的状态。"

听到这个回答，张姐的笑容僵住了，她说："对我这样的急性子来说，半年的时间我可等不了。你还是告诉我一个快的办法吧。"

一听张姐如此询问，小雅想插话，好在宋女士没等她说话，就开口了："姐姐，看来我这一点和您挺像的，我也是急性子。所以，我花了很多钱在国外学习过这些方法，却不能学以致用，我皮肤的保养是靠一套美容产品，很规律地每星期做一次脸，才提高到现在的紧致和白亮的……"

说到这里，张姐像找到了法宝一样高兴，她说："你在哪家店做脸？"

宋女士坦然地说："我自己开了一家美容店，位置在……"

张姐立即向宋女士索要了名片。第二天，张姐就到宋女士的美容店买了贵宾卡，预订了为期一年的美容套餐。

在这个案例中，宋女士的聊天有三种策略。第一，先聊和对方利益相关的事，把一个不大不小的好处让给对方，引起对方的好感。这里我们要注意的是，一个不大不小的好处指的是能让对方高兴，又不至于引起对方的戒备心。第二，她在展示自己的专业性的过程中，从不伤害对方的自尊，能够顾全对方的面子。她从问题入手，却能够妥善处理问题。比如，她没有说："你现在的皮肤很糟糕，暗沉、发黑，需要赶紧想办法了……"如果开始就是这样一种指责，即使宋女士再专业，对方也不会愿意听下去。相反，她提到的全是对方的优点，比如她通过语言，暗示对方皮肤本来就很好。第三，她能够从免费的建议和免费的美容品入手讲解，这样更让对方信服。尤其要强调的是，宋女士的整套言辞是很自然的，靠的就是这种耐心。这与她的店员小雅不同，小雅遇到机会时，总是想迅速把握机会，并迅速说服对方。换言之，也就是她太想把潜在顾客像猎物一样拿下，所以很容易就把自己的目的暴露出来。

这是很多人都容易犯的聊天错误，当一个说服者没有耐心的时候，就会被对方一眼看穿，从而失去机会，因为没有人愿意成为别人的"猎物"。

反之，你越有耐心，对方对你就越感兴趣。对方对你越感兴趣，就会越主动。当对方有了主动性的时候，你引导他做出的选择就会被他认为是他自己做的选择。没有人不维护自己的选择和自己的判断，到那时，你的顾客不用你去追，就会自己追上你。

最后要强调的一点是，不但我们在策略上要徐徐而来，用足够的时间给自己的聊天做铺垫，在语速上也一定不能快。要切记，慢慢慢，因为你一急，对方就会认定此事会对你有利。

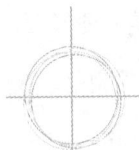

## 通过提问发现他所想

好问题有时候胜于千言万语，尤其当我们需要更了解别人的想法时，好的问题会帮对方和我们自己梳理混乱的表象，理出一个人真实的想法。

我大学毕业后的第一份正式工作是做秘书，后来因为做得不错，就成为助理型秘书，常常协助领导搜集信息。那时候，我发现我身边的同事多了起来，但是我会尽量避免和同事走得太近，怕影响到我对工作的汇报。

有一天，一个同事想送我一份和篮球相关的很贵重的礼物。他轻描淡写地说自己是某个球队的忠实支持者，他知道我也是，因为礼物是别人送给他的，有两份，所以他给我一份。

当时，他执意要送，我便问了他一个问题，然后他就心照不宣地把礼物收回了。

我问的问题是，这个球队的某个球员在某场比赛中的表现如何。

而那位同事，也许根本就不知道这个球员的名字，他只是找借口送给我一份贵重的礼物。但是我知道，每一份礼物暗中都标了价格，所以给退回了。

没过多久，他就因为一些事离开了。

我想说的是，好的提问也许听起来很简单，也许看起来问题提得很一般，但它无疑能帮助我们直接看到人心。

常常遇到年轻人提出一些问题，比如，"我应该考研还是去工作""我应该听父母的，还是听从自己的内心""我应该辞职去创业，还是继续好好工作"。这些都是人生的重要问题，证明提问的人内心有着很大的困惑。

当我们面对这些问题时，有时候真的需要简单的提问，一层层让对方看到真实的自己。

有个年轻人已经30岁了，他没有找工作，而是在一所大学附近租了房子学习。他家里条件并不好，但是家人都很支持他。他三次考研都失败了，但家人依然支持他考研。他问我："我该怎么办？是坚持理想，还是找工作？"

我问他的第一个问题是，他当年高考的分数是多少。

他告诉了我一个数字，果然是非常不理想的。

从这个数字中，我分析：首先，他这个年龄应该去找工作，积累一些生活经验；其次，他坚持考研这么多年，考研成了他逃避进入社会的一个借口；最后，高考分数已经很能说明问题了，那就是他并不是擅长考试的人。

我接着问他，为什么高考这道分水岭已经提醒他，他并不是一个擅长考试的人，却非要在自己不擅长的方面努力。

他开始说，高考是他发挥不好。后来又说，他爱学习。

他开始解释的时候，我并不吃惊，我知道对一个人所做的如此重大事件的否定一定会遭到对方的否认，一个人认识自己本来就很困难。

在我追问了他一句"你真的爱学习吗"后，他失声痛哭。他说起自己贫困的家庭，说他的家人在村子里一直就没有地位，父亲老实木讷，母亲经常被人数落。他一心想给家人争口气，无奈自己天资笨拙，学习成绩一直不好。他看到村里一位同龄人成绩好，考上了好大学，后来在美国读博士，这户人家在村子里获得了所有人的尊敬。

他心里憋了一口气，也想证明自己是有出息的，更想为家人争口气，于是全家人都支持他考研。但是，正如我所说，他觉得自己的确不是真的爱学习，因为他发现自己越学越糊涂，越来越难以专心投入……而且，他惧怕工作，因为他觉得如果学习都学不好，自己踏入社会，肯定更是寸步难行。他这种焦虑的状态已经持续很多年了，他总是整晚整晚地失眠……他问了我一个问题："我是不是天生就是个笨蛋，什么都做不好？"

听到这个年轻人这么问，我心里一疼。也许因为他从来不肯把这么隐秘的真心话讲出来，所以他始终没有遇到一个明白人帮他梳理内心如此复杂的一个系统。

我告诉他，每个人都有自己的优势，盲目地把别人的轨迹当成自己要走的路注定会失败。他的同村人通过学习获得了成功，也获得了尊敬。从表面上看，是学习的胜利，本质上却是一个强者的胜利。对方在这个过程中展示了自己的能力，人们都是喜欢强者的。

我还告诉他，他如果真的想保护家人，就要脚踏实地去工作，在工作中不断解决问题、不断提升自己，从而不断地提高家人的生活水平。要想让家人扬眉吐气，就要先停止把家人的血汗钱继续浪费在房租上。

他眼睛一亮，随即追问了一句："我能把一份工作做好吗？"

我说："除了好好工作，你别无选择。我可以负责任地告诉你，如果不马上去找工作，你还打算在错误的路上继续走，一年一年蹉跎下去，那么明年的你一定还不如今年的你。"

最后一句话像针一样扎进了他的心里，他再也没有迟疑和疑惑了。

后来，他退了学校附近用高价租的房子，告诉家人自己的决定，没想到家人依然全力支持他。他含着泪找了一份工作开始拼搏，只用了短短两年时间，他的生活就步入了正轨。

这样的案例并不少见，我至少经历过五个类似的场景和聊天。年轻人总想靠自己证明些什么，所以心里一较劲，脚下就走错。在这样的情况下，聊天是为了帮助和说服，但是一味安抚已经无法解决问题了，只有提问、追问，敢于给对方施加压力，才能真正地帮助对方。


除了年轻人的困惑，生活中这种"货不对板"的案例也需要我们在和对方聊天时，帮助对方发现他自己没有意识到的问题。

我有一个企业家朋友，有一次他约我吃饭。吃饭期间，他大倒苦水。他说他的家人对他很冷淡，说妻子和儿子总是能够聊到一起，把他当作透明人。这对他是完全不公平的，因为他为这个家付出得太多了。他把家人当作生命中最重要的人，他们却如此对待自己。他问我，为什么他的付出，他们这么不领情。

于是，我问了他三个问题："你说得出孩子三个朋友的名字吗？了解他在学校最爱上的课是什么吗？你知道妻子在周末感到兴奋和幸福的事情是什么吗？"

他努力想回答，但还是放弃了。他支支吾吾地说，这些细节的问题他不想了解。

我告诉他："那你在行动上就没有把他们当作生命中最重要的

人。你对你客户的喜好都研究得非常透彻，对家人却知之甚少。"

他叹了口气，点点头，开始意识到对家庭的付出并没有自己说的那么多。

这次聊天很难在一开始就说服对方，让他意识到自己的问题，因为对方是一个企业家，他和年轻人不一样，没有年轻人那种崇拜和学习的心态去听别人说话，同时还拥有自己的骄傲和强烈的自尊。所以，只有具体的问题和细节能让他去发现自己的不足，然后他才能去改变。


这种"货不对板"的生活场景有很多，只有靠有效的提问才能发现问题。

比如，下面的一则对话：

"你的爱好是什么？"

"我的爱好是看书。"

"你每周用多少时间看书？"

"啊？我这个周末去看电影了。"

"那这个月，你看什么好书了？"

"这个月，我没看书，我追了一部电视剧。"

"噢，那你只是以为自己爱看书，或者你以前是个爱看书的人，你现在的爱好只是看电影和电视剧。"

又如：

"我买车就是为了买个代步工具。"

"你以前靠什么代步？"

"我家在地铁旁边，我坐地铁很方便。"

"什么让你突然决定换代步工具了？"

"孩子说，他们同学家里都有车，所以我也想买了。"

"看来，你不是为了买代步工具。在你心中，车代表了面子和尊严。"

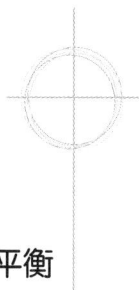

## 语言中的权力平衡

要学会在语言上为自己争取权利，并不是要我们咄咄逼人地与人沟通和谈话，而是要明白我们和别人之间必须求得一个心理上的平衡。这样不但是对自己负责任，也是对对方负责任。

举个例子来说，你很爱某个女人，所以不论她说什么，你都说好。可是，这样做达到的效果一定是好的吗？对方可能觉得你没主见。正确的做法是，你为对方做一些事情，一定要索取一定的回报。

有人说："我做的事情很难索取同样的回报，比如对方让我帮她修电脑，我总不能让她帮我补衣服吧？"

那么，我们该如何通过聊天的方式让自己获得即时利益呢？大家可以感受一下如下两个对话的不同。

"我们约的周日一起吃饭，我想改日期。"

"好的，没问题。"

"我想改成周六。"

"好的。"

"上次说的是去吃川菜，我想改成粤菜。"

"好的。"

"那么，我们周五再确定一下吧，也许我周六也很忙。"

"好。"

这位男士回应的四个"好"，看似为对方妥协了很多，实际上却让对方产生了很消极的心理。

"我们约的周日一起吃饭，我想改日期。"

"好的，没问题。"

"我想改成周六。"

"周日你有什么安排吗？"

"我妹妹想从外地过来看我。"

"好的。"

"我最近不想吃川菜，想改成去吃粤菜。"

"我知道一家很有名的粤菜馆，我们周六先去尝尝看。如果味道特别好，那么周日你妹妹过来的时候，我们可以带她一起去。"

"好的……"

在这个对话中，这位男士在"服从"女士安排的同时，以了解信息的方式获得了回报。还通过为对方提供价值，进而让自己获取了非常大的利益，也就是在追求一个女生的时候，在她的家人面前有了一个表现的机会。而且，这是一位高情商的男士，一句"我们……"承接着上文，让女方并不会感觉到"套近乎"的尴尬，一切听起来又那么行云流水、毫不刻意。

又如，你是一位女性，很爱你的"男神"，却不懂得如何处理你们的关系。每次在对方需要你的时候，你都"跑步跟随"。久而久之，即使对方和你在一起，你还是会没有安全感，可能会通过很"作"的方式去验证对方是否也同样喜欢你。正确的方法是，在你为对方付出的时候，也要强化他对你的认可。

我们来感受一下下面两个对话的不同。

"我每天晚上都给你打电话，可是你怎么这么忙？都没有一次主动给我打电话。"

"我这个星期是挺忙的。"

"那周末你总该有时间吧，可以和我一起吃饭吗？"

"我要看一下时间。"

"你再忙也是要吃饭的，我们就约周六好不好？"

"好吧。"

在这个对话中，女方对自己的权利等于是全部放弃，而且并不能让对方感受到快乐，反而让他感觉自己是被征服的一方。即使男方答应去吃饭，也会特别勉强。

"你这个星期很忙吧？我记得你上个星期给我打了一次电话。虽然你只是和我随便聊聊，但是我觉得很开心。"

"不好意思呀，这个星期带了个新团队，忙得人仰马翻。"

"我能理解你，毕竟你是领导，要做好表率才行。那你这个星期有什么想做却没有时间做的事情吗？"

"这个星期，我连饭都没有好好吃过。"

"你喜欢中餐还是西餐？周末的时候，我陪你一起去吧。"

"我们去吃西餐吧，真希望这个周末不要再加班了。"

在这个对话中，女方提的要求能让对方愉快接受的原因，是她始终站在理解的角度，让男方占有主导权。虽然一切都在按照她的思路走，但是对于普遍粗线条的男士来说，他会感觉一切都是自己安排的，因此主动性会更高。

在生活中就应当如此：当我们提要求的时候，要让对方能够愉快地接受；当对方给我们提要求的时候，我们也要适当地索取情绪上的回报。

大到去说服领导按照你的想法部署，小到让你的同事帮忙，都要使用一定的平衡策略来拉进两个人的关系。

小张的公司有一位领导李总，年纪很大，常常做出一些错误的指导，令年轻的员工感觉很受挫。

大家因为他这种"刷存在感"的行为非常苦恼，又苦于毫无对策，毕竟李总在公司还是非常重要的。而且，在很多事情上，李总的确有他的经验和长处。

但是，李总也不是铁板一块，小张就是公司里最能理解李总的人。

在李总看来，一个领导的权力能够得到展示的时刻有两个：一个是给下属好处的时候，另一个是对下属说"不"的时候。这本来就是李总应当享受的语言上的权力。

当然，这让说服领导就显得困难重重。但是，小张从李总的"好为人师"的特点入手，开始组织聊天的语言，让李总答应了他很少给员工批准的调休假。

小张对李总说："李总，我想问一下，您是怎样做到对客户的控制力那么强的？比如前段时间，我们以为和供货商的谈判已经没办法了，但您还是坚持去谈，后来竟然谈成了。"

李总听着小张的话，感觉很受用，就随口介绍了一些方法。

小张说："我就想不到这样的方法，您是怎么想到这些方法的呢？"

李总笑着说："这是因为社会经验的不同。"

小张赶紧说："您的宝贵经验我们谁也偷不来，所以我们只能靠笨办法，多去学习，才能争取领会和模仿您的方法，在谈事情的时候照葫芦画瓢。"

李总说："你们年轻人应该多学一些知识。"

小张说："前段时间，我一个朋友说，他下周要去听三天培训课。我本来怕麻烦，不想和公司申请调休，和您聊过天之后，我越发觉得我们差得太多，的确需要多学习来弥补一下不足。"

李总笑笑说："我给你批准调休，你去吧，因为社会经验的积累不是一天两天就能养成的，但是学习可以加快你的进步。"

就这样，小张采取了一种尊重和请教的聊天方式和李总沟通，满足了对方好为人师的心理需求，因为他的工作就是指挥别人。小张通过尊重对方的权力，给对方一种很高的语言权力，得到了自己想要的调休。重要的是，在小张的眼中，李总从来都不是一个不通情理的人，小张在公司的发展也是正面和顺畅的。

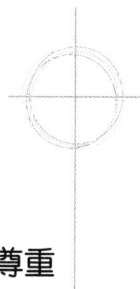

## 巧妙地拒绝赢得尊重

有底线的人才能真正赢得别人的尊重，只是我们需要把握"为什么要说'不'""什么时候说'不'""怎么说'不'"的技巧。

有一个年轻人小陈，刚开始工作，他自我感觉与同事、领导的关系都很好，却因为试用期没有通过而离开了公司。

同事们不论谁找他解决任何事情，他说的都是"没问题"。领导让他处理一些事情，他也会说"没问题"。可是久而久之，大家发现他工作时间总在处理别人的事情，而自己的工作完成得却并不出色。又因为领导吩咐他做的事情，他总是满口答应，在实际工作中却发现困难重重，最后也给领导留下了不好的印象。

他不明白自己为什么被辞退，难道做好事错了吗？

做好事没有错，但一味地做"滥好人"就一定是错了。我们有这样一句话，叫"升米养恩，斗米养仇"。讲的是两家人是邻居，平时关系还不错，其中一家人比另一家人富裕一些。有一年，穷的那家人收成不好，邻居就借给了他们一升米，救了急。穷的一家人非常感激邻居，认为他们是救命恩人。

熬过最艰苦的那段日子后，接受帮助的那家的男主人就来感谢自己的邻居。邻居非常慷慨地说："这样吧，我这里的粮食还有很多，你就再拿一斗吧。"

拿着一斗米回家后，这个人心里就不是滋味了，觉得对方有那么多粮食，自己却如此贫困，而对方帮助自己的实在太少了，觉得对方坏得很。本来关系不错的两家人，从此就成了仇人。

这就是滥好人的故事。同样，泛滥的示好和过早的示好都是降低自己信誉度的行为。

小思是个很好的姑娘，但是总让人感觉到她的不自信。她以前看到书上说：人要多微笑，这样给人留下的第一印象就会非常好，也会使接下来的交流非常顺畅。

这一点是没错的，不过她没有注意到的窍门是，聪明的人从来不会让自己的笑容来得太早！因为当两个人相遇的时候，一定是自我感觉弱势的人先露出笑容。所以，当你刚认识一个人的时候，可以笑，但是要让自己的笑容来得晚一点儿，在打完招呼后再露出友善的、淡淡的微笑，而不要总是以八颗牙齿的笑示好别人，这样反而会让对方认为你有求于他。

做好事也是如此。要综合分析，看对象、看场合、看自己的能力是否能达到，否则就是对双方不负责任。

在工作中，常常会有一些人总是抱怨领导给自己安排了繁重的工作任务。大部分情况下，一个繁重的工作任务后面都有一份丰厚的回报，应该抱怨的是这个任务本身就是有问题的。那么，为什么不在一开始的时候就给老板一个拒绝的信号呢？这样，你和老板都不会成为"坏人"了。

可能有人会说："这种事情没法聊，老板刚愎自用，我没有办法说服他，而且他根本不听我的理由。与其这样，是不是直接执行就好了？"

当然不是！这件事情如果你判断没有价值，那么你提前拒绝和没有拒绝是会产生截然不同的后果的：即使最后事情搞砸了，前者的话，老板也会在心里默默地认为你是一个有判断力的人，还会对你产生一定的补偿心理；后者的话，老板有可能认为不是因为事情本来有问题，而是执行的人也就是你没有把工作做好。尤其是你带着一种情绪去操作的时候，谁都能感受到你的不情愿，事情没做好，大家更容易认为是你的工作态度本身就有问题。

和领导说"不"，与拒绝普通同事有一些区别。

对普通同事说"不"，你要学会的是，表达你的能力有限和你的为难，用为难的表情。例如，把视线调整到一个非直接注视对方双眼的状态来表达你内心的犹豫，再配合上你的不忍拒绝但不得不拒绝的表情，让对方感受到你的爱莫能助，对方自然就会知难而退了。

但是，对领导的拒绝恰恰相反，你表现出委屈的样子会让领导失去对你的信任。正确的方法是，表达自信，刺激领导重新思考。

我工作的第三年，由于部门内部重组，我的领导对我委以重任，让我负责管理一个他想成立的新部门。我知道，凭我的工作经验、业务能力实在无法驾驭这份工作。

但是，我采用了一种表达自信的方式向我当时的领导说"不"。

我说："好的，不过由于我对要成立的部门的业务不够熟练，所以请领导在资源上予以一定的支持。"

当我把自己准备得很充分的支持条件汇报给领导的时候，那位领导才发现新的业务部门需要的不仅是一个管理者，想做出业绩，还必须有大量的人力和财力的成本投入！

或者说，也许他早就知道会有这么大的一笔投入，只是他回避考虑，想让我先试试水。而当我理性而客观地把自己所要求的"支持"推到他面前的时候，他不但知难而退，后来因为解散了那个原本要组织的新部门，还对我产生了一种愧疚的心情。在一些重要的学习和工作机会面前，我比其他人多了一份幸运。

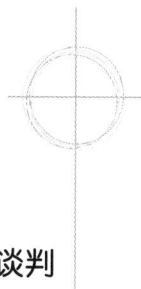

## 强弱并用的"双线"谈判

谈判是一场心理战，高情商的人懂得利用强和弱两种方式来服务自己的目标。比如，当我们谈判的时候，给对方直接的利益是强驱动，与对方保持友好的合作状态是弱驱动。谈判的时候，如果能强驱动和弱驱动并进，你赢的可能性就会变大。

我看到过很多商业的、生活中的谈判，本来不难的局面，因为不能活用这两种方式而使谈判失败。但也有很成功的案例，向我们证明在任何处境下，我们都可以借由这两种方式给对方机会，也为自己赢取主动权。

小黎要从一家小公司离职。当时，他已经在原公司做了一个重要的项目，会给老板带来不错的前景，但是他离职的时候，老板并不想把原来承诺给他的做这个项目的薪水付清。

于是，小黎就只能和老板进行谈判。小黎本来是一个不擅长为自己争取利益的人，所以他和老板的谈判很容易演变成要么剑拔弩张，要么无功而返。

但是，他掌握了强弱并用的"双线"谈判，所以很容易地成为一位谈判高手。

在利益上，他明确表示，这个项目是他投入心血才成功的，他对待这个项目就像对待自己的孩子一样认真和在乎。他问老板，对这个项目的成果是否满意，值不值得老板为此结清自己这笔费用。

老板笑着说，这个项目小黎做得不错，但是因为小黎离职有些突然，所以他暂时没有钱来结清。

此时，小黎"启动"了情感进攻。他大大方方地说："我知道这一刻很尴尬，不过我想，我们的公司虽然不大，但是我在这里工作了这么久，从来都没有觉得您是一个没有抱负的人。我想，您创业的初衷一定不会是希望自己成为一个让员工拿不到工资而离开的人。"

最后这句话听起来很平常，但是在生活中，很少有人能大大方方地说出来，所以即使像小黎这样，像背课文一样说出来的时候，给对方的情感冲击依然是强大的。

老板当场打电话让他的家人把小黎的工资分文不少地送来了。

在上述案例中，小黎表明自己认真谈判的态度就是一种强势的利益诉求，让对方知道他的决心，以及不会就此放弃的态度，给对方造成实实在在的压力。然后从情感上打动老板。他采用了非常巧妙的方式，不是用自己的情感来说服老板，而是用老板创业之初的雄心来唤醒现在的老板，让他避免成为一个违背自己初心的人。

即使使用情感这种方式谈判，我们依然可以选择强弱结合的方式来组织自己的语言。

小林在一家公司工作，一直干得得心应手。有一次，他想知道自己如果去别的同类型企业会有什么样的待遇，于是更新了简历，联系了其他公司。但是他最后发现，综合来看，其他公司给出的待遇虽然比他现有的工资有所提高，但还不足以让他换工作。可是，这件事情被他的直接领导知道了。这位领导很不高兴，动辄为难小林，让小林明显感觉到了敌意。

就在所有人以为小林肯定要被迫走人的时候，小林只用了两句话就挽回了局面。他走进直接领导的办公室，问了领导一句话："您是要为难我吗？"

直接领导显然有点儿没明白小林的出招套路，他立即否定："当然不是！"

小林说："那您希望我怎样做呢？"

直接领导说："我希望你能踏踏实实地工作。你在公司也是一名老员工了，多给大家起表率作用，让你周围的人对公司更有向心力。"

当小林从直接领导的办公室出来的时候，他知道整个形势已经被控制住了，事情不会往更恶劣的方向发展了。

在这次谈判中，小林虽然只用到了情感的方式来谈判，但是他所利用的情感工具依然是两套，有强有弱。第一句："您是要为难我吗？"以一种强烈的攻势开始，令领导无法承认。第二句："那您希望我怎样做呢？"是一种情感上的示弱，让领导得到了安全感。所以，向其他公司投简历这件事不必露骨地拿出来谈判，危机就已经悄然解除了。

"双线"谈判的方式适用于很多场合，很多人常常关心的一个问题就是如何向老板提涨工资。其实，在聊涨工资这个话题的时候，如果能在语言细节上给对方一些情感照顾，你的强诉求看起来就会可爱得多。

毕竟，无论你采用什么方式提涨工资，都是一个强势的、直接的利益诉求，一定会给对方带来不舒服的感觉。所以，你在聊这个话题时，"示之以弱，藏之以强"不是锦上添花的方式，而是必要的语言组织方式。

比如，你对对方说"我希望您能帮我争取"，就给了对方一定的尊重。毕竟在大部分公司，即使涨工资是一个人说了算的事情，公司也会让这个权力分散开，以便于互相推诿。其中，就有了你的机会。当你这样说的时候，就把对方拉到了你的阵营。并且，你在情感上处于弱势，把自己变成需要帮助的一方，这样会激发对方的善意。

再或者，你在期待的薪资要求上，可以给对方一个区间，而不是一个明确的数字，用这样一种柔和的方式为涨工资这样的强需求增加一些弹性和空间。

## 和对方站到一起俘获认同

当我们想说服一个人的时候，常常有两种方式：第一种是纠正对方，苦口婆心地劝说对方改变；第二种是顺应对方，让对方没有感觉到他是在帮我们。第一种方式容易引起对方极大的抗拒，第二种方式则会说服对方而不让对方感觉自己被说服。

在《战国策》里有这样一个故事：

东周想种水稻，西周不放水，东周为此而忧虑。苏子就对东周君说："请让我去西周说服放水，可以吗？"

于是，苏子去拜见西周君，说："您的主意打错了！您现在不给水，他们就放弃种水稻，而改种不大需要水的麦子，东周一样会有充足的粮食收入。"

西周君便问："那放水的好处是什么？"

苏子说："您现在放水，等到他们种上水稻以后再停水，才能起到控制局面的作用。如果大王您真的想打垮东周，不如现在就放水。"

西周君果然说"好"，于是就放水了。

苏子得到了两国的赏金。

在这个故事里，我们暂且放下道德评判，从说服的角度来看，这是一个很好的示范。

如果不是从对对方更有益的角度出发，很难想象这个局面要怎么打开。在生活中，我们常常因为放弃了站在对方的角度思考，就展开说服策略，以致说服失败。

有一次，一个同事和我聊天。他非常苦恼地说，最近总是睡不着，因为楼上的妈妈让孩子无休无止地练钢琴，简直烦死了！

我笑了笑，问他什么是无休无止地练琴。（我们与对方聊天时，可以关心对方的情绪，却不应该让自己成为对方发泄情绪的工具。要求对方描述事情的时候客观而准确，有助于对方情绪的平复，并且进入理性叙述。）

果然，他叹了口气说："以前，邻居家的孩子上学，所以每天晚上练琴的时间是固定的，7点到8点之间，准时练40分钟。现在因为孩子放假了，所以练琴的时间不固定，有时候是中午，有时候是早上，真令人不堪其扰。"

我问他，和邻居沟通了没有。他又叹了口气说，邻居是个嗓门很大的妈妈，他有点担心一提起这件事，两家就变成了敌人。

他这么一说，我就想到了生活中遇到的大部分回避矛盾的人。本来一些"疾在腠理"能解决的事，他们会一再延宕到"病在骨髓"。这种社交恐惧症表面上看是对别人没信心，其实也是内在自卑和缺乏自信的一种表现：担心被拒绝，担心被伤害。其实，对方可能也正处在同样的情绪中。

我在一些商业谈判中，总能谈到很令人惊喜的条件。我发现很多时候并不是因为我有多厉害，而是我始终相信，对方也在压力中，他也想和我合作。这个道理看起来很简单，但就是因为人们太过自我，谈事情的时候总想着自己的好处或者压力，忘记了对方也是一个有压力的人，导致谈判的时候，要么一败涂地，要么居高自傲。

于是，我给了这个同事这样的建议：首先，嗓门大的人未必是不好沟通的人，沟通之前，每个人都应该先放下自己的成见；其次，不沟通才会导致进一步对立，必须马上沟通，对自己和对方的关系负起责任来；最后，沟通的时候，要从对对方有利的一面出发，哪怕对方明知道你这么说还是存在一些你的私心的，你依然先从对他有利的一面开始聊。

果然，这个同事很好地和对方聊了这件事情。他的策略是不去指责对方影响他休息，而是从孩子练琴应该有一个规律的时间，以及这样做有什么好处和必要性谈起，最终成功地说服了对方。

最后，我想说的一点是，对方到底知不知道他的用意并不重要，重要的是对方感觉到了他的善意和聊事情给对方留的余地。这样给双方都带来了很好的结果。

## 引入第三方，把僵局变活

一个小男孩在院子里搬石头。他是个很小的男孩，石头对他来说相当巨大。他手脚并用，依然无法把石头搬走。

小男孩一次又一次地尝试把石头搬起来，但是一次又一次地失败了。最后，他伤心地哭了起来。整个过程，男孩的父亲从窗户里看得一清二楚。当泪珠滚过孩子的脸庞时，父亲来到了他面前。

父亲的话温和而坚定："儿子，你为什么不用上所有的力量呢？"

垂头丧气的小男孩抽泣道："我已经用尽全力了，我用尽了我所有的力量！"

父亲亲切地纠正道："儿子，你并没有用尽你所有的力量，因为你没有请求我来帮助你。"

父亲弯下腰，轻而易举地搬走了石头。

这听起来是一个简单的故事，但我们在生活中时常陷入这样的困局。在我们克服困难、说服别人的时候同样如此，有的事情我们可以单枪匹马搞定，但有的时候，我们需要请别人帮忙。尤其在双方处于矛盾和焦灼状态，又势均力敌的时候，谁能够争取到第三方，谁就获得了主导权。

陈先生在一家家族企业工作，即使得到了企业最高负责人的支持，他在进行具体工作的时候依然困难重重。他靠个人的努力无法推进自己的管理，而这家企业家族体系庞大，他每次找相关负责人汇报工作的时候都感觉压力很大，因为对方的眼神里分明写着一句话："你难道让我把我所有的家人都开除吗？"

这时候，他就进入了一个靠个人能量无法解决困难的状态。我和他聊天的时候，也只能提醒他，即使要排除一些对企业发展不利的人，他也不应该直接面对矛盾，而应该从公正、客观的第三方切入。

果然，陈先生立即找到了办法。他想，既然要进行变革和进行更科学化的管理，就应该引入专业人才。果然，不到一个月，陈先生就请到了在管理方面非常权威的人士介入公司事务，在公司的流程上进行了大刀阔斧的改革。

当他把应该重组和裁员的名单交给企业最高负责人的时候，事情变得异常顺利。不到三个月的时间，他就做完了半年深陷僵局却束手无策的事情。

不但做事情如此，生活中大到与客户谈判，小到搞定你的家人，都需要这样的方法。我曾经参与了一次与国外友人的友好谈判，对方熟谙谈判之道，提出了一个我方无法完成并且显得有些可笑的要求。

就在谈判马上要崩盘的时候，对方找到了一位姓方的女士出面进行协调。方女士所处的行业和这家外国公司毫无关联，基本就是两个完全不同的产业。她表示自己的目标并非一定要促成合作，只不过这件事情是受朋友的朋友所托，碍于面子想从中协调一下。

当我们感受到方女士不能从这次谈判中获益的时候，我们对方女士的态度积极多了，也放松多了，甚至对方女士还多了一份感谢。我方多次约方女士吃饭、聊天，给她送小礼物，表示对她的感谢，她也多次表示会帮助我们去与对方沟通。果然，在她的有力推动下，合作最后谈成了。

故事的趣味性发生在后期，我的同事在实际工作中发现，合作方起初提出的高要求依然是我们后期合作中的重要参考，因为我们对国外公司最初提的高要求未给予满足，总是存在着一种补偿心理，所以大家不免处处给对方开绿灯。最有趣的是，过了很长时间，大家才了解到这位方女士是外方负责人的伴侣，只是他们双方都没有对外公布关系而已。

这让我想到了，很多情况下，亲密关系里存在的问题都会在其他场合得到解决。有位先生想创业，他的妻子坚决不同意。他妻子先是从各种角度用各种方法和老公恳切长聊，却并没有达到任何效果。后来，她开始和老公长久争吵、冷战，与老公陷入僵局也在所不惜……直到她的闺密劝她一定要支持老公创业的时候，她才开始思考自己是不是做错了。

有位女士想买房，她老公坚决不同意。她老公多次和她聊天，但无论说什么，她都不肯听，甚至发出了"不买房就离婚"的威胁。即便如此，她老公还是没有妥协。这样的情况持续了很长一段时间。后来一个偶然的机会，她老公的一位同事和他聊起他应该买房了。听他同事说话的时候，他像变了一个人，一点都不反感，也不存在任何情绪，而是认真地和对方聊天。他开始思考自己是不是应该支持自己的伴侣。

以上都不是戏剧化的演绎，而是我们生活中随处可见的现象。究其根本，在于不涉及具体利益和权力争夺的第三方，人们容易认为他是公正、无私、客观的。因此，人们对第三方没有抵触，只有信任。人们看到他的时候就会想："他为什么这样劝我呢？他的劝说对他自己是一定没有什么好处的，所以对方有可能真的是为我好，而不仅仅是为了说服我。"


齐女士买好了去国外度假的机票，可是就在这个关键时刻，她妈妈以传统风俗为由，不允许她在中秋节这个应该团圆的日子外出旅行。她对自己的妈妈据理力争，但是效果不好，眼看自己要遭受精神和经济上的双重损失，她向自己的邻居陈阿姨抱怨了这件事情。

没想到陈阿姨和齐女士的妈妈简简单单聊了几句话，就把事情说通了。陈阿姨说："听说你家孩子想趁着假期去国外度假，真是有出息的孩子，趁着年轻多出去看看世界。你看看我们这个岁数，尤其是你我，腰腿还都不好，想去也没那份心力了。"几句话就解决了齐女士的难题。

在工作中也是如此。当你的工作遇到克服不了的困难时，多想想有没有第三方能够帮助你。我曾经邀请一家企业合作项目，对方可考虑的对象实在太多，要想从这个局面里胜出，对方的身边就一定要有能够帮助自己的朋友。

果然，其他人都找了对方负责人的朋友帮助协调，而我找的是对方负责人的前任助理。最后发现，已经不在其位的员工发表的意见被认为是中肯的，因为他是真正不涉及利益的第三方。正如一些企业会特别愿意倾听离职的员工发表意见，而对在职员工的某些抗议的声音充耳不闻。

最后，在我们在陷入困局的时候，一定要记住，要完成一件个人之力所不能及之事，须善于借用外界的、他人的、团队的力量，才能达到目的。